日本の権力人脈《パワー・ライン》

佐高 信

講談社＋α文庫

＋α文庫版のはじめに

『城山三郎伝記文学選』（岩波書店）の第五巻は『もう、きみには頼まない』と『粗にして野だが卑ではない』である。前者は東芝社長や経団連会長を歴任した石坂泰《たい》三《ぞう》を描き、後者は三井物産から転じて国鉄総裁となった石田禮助《れいすけ》を主人公にしている。

国鉄総裁に七七歳の石田を引っぱりだしたのは同い年の石坂だった。「野心も私心もない。あるのは素心だけ」といわれた石田は、その面目躍如たる発言を、政治家相手にしている。総裁として国会に初登院した石田は、背筋をピンとのばし、代議士たちを見下ろすようにして、

「諸君！」

と呼びかけ、彼らを仰天させた。そして、

「生来、粗にして野だが卑ではないつもり。ていねいな言葉を使おうと思っても、生まれつきでできない。無理に使うと、マンキーが裃《かみしも》を着たような、おかしなことになる。無礼なことがあれば、よろしくお許しねがいたい」

と断った上で、

「国鉄が今日のような状態になったのは、諸君たちにも責任がある」

と言い放った。

もっともな批判だが、誰にでも言える言葉ではなかった。

また、総裁在任中に勲一等を贈ると言われ、

「おれはマンキーだよ。マンキーが勲章下げた姿見られるか。見られやせんよ」

と言って断った。

石田はいまから四〇年前に亡くなったが、これらの逸話だけで現代の財界人との違いがわかるだろう。たとえば今度、経団連会長になった日立製作所会長の中西宏明など、政府にもの申すどころか、その支援を得て、英国での原発プロジェクトを続行する始末である。

『朝日新聞』が一月一一日付朝刊の一面トップで「英原発　日英政府が支援　日立計画に二・二兆円融資」と報じた。

首相の質も劣化したが、〝財界総理〟とか呼ばれる経団連会長の劣化も著しい。石坂泰三や石田禮助をたとえば横綱か大関とすれば、中西など十両にも達していない。人間的魅力もないし、気骨などどこを探しても見つからないのである。

文庫化に際して序章に「最後の直言財界人、小林陽太郎の死」を書き下ろしたのは、小林の死で、そうした人間はいなくなったことを示すためだった。

城山の親友の人物評論家、伊藤肇《はじめ》は城山を「絶対に形の崩れない男」と評した。石坂や石田などはその典型だが、私はこの国の権力人脈の中に、「形の崩れなかった財界人」をたどり、スケッチしたつもりである。

二〇一八年二月一〇日

佐高　信

日本の権力人脈《パワー・ライン》◉目次

日本の権力人脈《パワー・ライン》

序章

最後の直言財界人、小林陽太郎の死

ソニー創業者の盛田昭夫と石原慎太郎の共著『「NO」と言える日本』（光文社）がベストセラーになったことがあった。それで、盛田にインタビューをした時、私は次のように問いかけた。

「盛田さんは、日露戦争のあと冷静にポーツマス条約を結んだ小村寿太郎《こむらじゅたろう》を尊敬しているそうですけれども、小村寿太郎と石原慎太郎ではまったく違うタイプの政治家だと思うんです。まず、なぜ、小村寿太郎なのかお聞かせください」

それに対して盛田は、

「小村寿太郎という人は、ほんとうに一身を賭してあれを結んだ。興奮した日本の大衆が反対するであろうことを知りながらも譲歩して、結局は平和を選択した。あそこでがんばれば、勇ましい人になったかもしれないけれども、国のために一身を捨てたということですね。私はああいう人がほんとうの外交官だと思うんです」

と答えた。

それに異存はない。

しかし、それなら、なぜ偏狭《へんきょう》な愛国心を煽《あお》る石原との共著を出したのかと尋ねると、盛田は途端にトーンが落ちた。

その「エクスキューズ」を要約すれば、石原を昔から知っていたし、講演会を開きたいというので、日米問題について話した。

すると、電話がかかってきて、速記録を読んだらおもしろいから本にしたい、という。それで、あのように章ごとに交互に話が載るなどとは思わずに承諾した。

盛田は、石原の講演と自分の講演が明確に分かれて出ると思ったらしい。あの本が問題になったあと、友人からは軽率だと叱られたというが、「軽率」ですむ話ではないだろう。

私としては、もちろん、吉村昭が『ポーツマスの旗』（新潮文庫）で描いた小村と石原を一緒にしてほしくないし、盛田の小村観にも「ちょっと待った」をかけたくなる。小村を本気で尊敬するなら、石原との共著など承知するはずがないからである。

ともあれ、盛田は「共著」の件では大分懲りたようで、同書の英語版への翻訳を断っている。つまり、英語版では、共著ではなく、石原単独の著書となったのである。

それでも、友人は「非常にケアフルに読んでくれた」として、ロックフェラー四世の「ちゃんと読んだけど、お前の言い分には何も悪いことはない。よく読めば、日本人の悪いところも批判している」といった感想を紹介した。

しかし、石原と「セットになっている」ことが問題なのである。そのため、『ワシントン・ポスト』には「モリタズ・ミステイク」と出たという。

光文社は、『「NO」と言える日本』で味を占めて、次に石原と渡部昇一、それに小川和久で『それでも「NO」と言える日本』を出した。

それについて、国際派として知られる富士ゼロックス会長の小林陽太郎は『選択』(選択出版)の一九九〇(平成二)年七月号で、こう書いた。

「本書を一読して、『またか』というのが私の飾らぬ実感である。NOはNOでも、二度目となればもう少し言い方があるのではないか。前書きでも『アメリカにとっての日本とは所詮いかなる〝NO〟も許され得ぬような存在』と断定しているが、こうした基本的姿勢から相手との冷静な議論が生まれるものだろうか」

残念ながら、二冊ともベストセラーとなったが、小林は冷静に、

「『アメリカは平等社会の国か』の章での、極端に階層化した企業しかアメリカにはないような書き方や、パームビーチという特殊な地域をあげてアメリカを云々するアプローチ、さらにキリストは有色人種だったから日本人のほうが芝居で演じて似合う、と西欧人の観客は感じとったと察知した、などという例示は、とうてい素直な共

感をもって読むわけにはいかない」

と指摘しつつ、日本が世界から信頼される道を指し示す。

「来世紀の『文明の主体者は日本とアメリカとヨーロッパの三大パワーになる』と言えるほど、いまだ世界の日本に対する支持基盤が広く固いとは思えぬし、また、『日本がアメリカを失えば、同時にアメリカは日本を失う』という意味の重大さをアメリカは悟るべきだ、との本書の結びは、そのこと自体がお互いに無益なことは言うまでもないが、それが等価値であるためには、日本がアジアの近隣諸国や欧州各国との間に、真に揺るがぬ信頼関係を築きあげねばならぬこと、そして、それには、まだまだ時間のかかることを確認して初めて意味をもつ」

経済同友会の代表幹事もやった小林陽太郎の自宅玄関近くに、燃えた形跡のある火炎ビンが置かれているのが見つかったのは二〇〇五年一月早々だった。その後には拳銃の実弾が郵便で送られている。

これは前年秋に東京で開かれた新日中友好21世紀委員会の会合の後の記者会見で、小林が「個人的には小泉総理（当時）の靖国神社訪問はやってほしくない」といった発言をしたことに反発してのものだった。右翼の街宣車に押しかけられてもいる。

樺島弘文著『小林陽太郎』（プレジデント社）によれば、それらに対して気丈な小林夫人の百代はこう言ったという。

「最初は、所轄の警察署が警備に当たってくれました。私は必要ないって、言ったんだけれども。脅しに決まっているでしょ。そう言ったんだけれども、警察の人たちは頑として聞かなかったわ。それからしばらくして、民間の警備会社が張り付いてくれたんだけれども、私には費用の無駄遣いのように思えて仕方なかった。こちらが大騒ぎするから、相手も喜んでやるんでしょう。まあ、主人は慎重なので、警備してくれるなら警備してもらいなさい、と言ってましたけどね」

企業の社会的責任を重んじる小林は、政治に対してもズバリと直言する財界人だった。小林に「直言」という意識はなかっただろう。当然のことを当然のように言っていると思っていたに違いない。

しかし昨今、とりわけ安倍政権になって、政治にスリ寄り、それを利用しようとする財界人が多くなった。

たとえば、安倍に一番近いといわれるJR東海代表取締役名誉会長の葛西敬之は、二〇一七年二月一〇日にホワイトハウスで行われた日米首脳会談のニュースを見て、こうほくそ笑んだという。

「安倍さんは気難しいトランプを相手に上手にうちの高速鉄道プロジェクトを売り込

んでくれた」

『ZAITEN』二〇一七（平成二九）年四月号の「JR東海『葛西敬之名誉会長』の研究」によれば、葛西は現首相秘書官で、経済産業省の官僚だった時代から〝使える部下〟と思ってきた今井尚哉に指南してきた成果が表れたと満足だったのである。

経済には経済の論理があり、政治には政治の論理がある。政治家や財界人だけでなく、それを理解しない御用学者や御用ジャーナリストがあまりに多い。

私が近年一番驚いたのは『文藝春秋』二〇〇九（平成二一）年四月号の「これが日本最強内閣だ」だった。この座談会の出席者は作家の堺屋太一、元東大教授の御厨貴、そして自称ジャーナリストの後藤謙次だが、リーダーには破壊力や説得力、あるいは構想力や決断力が必要だとして、三人そろって、首相に何とトヨタ元相談役の奥田碩《ひろし》を選んだのである。

「自社の利益しか考えないのは、経営者と呼ぶに値しない経営屋」と言いながら、多額の内部留保があるのに真っ先に派遣切りを強行したトヨタの元社長を選んだ。

なぜ、そんな「経営屋」が「最強首相」なのか？　無知で無責任極まりない三人の発言を並べてみよう。まず、後藤である。

「民間人だったら僕はトヨタ相談役の奥田碩さんがいいと思います。経団連会長時代にお会いしたことがありますが、国家への気概をしっかりとお持ちの方だった」

政治記者出身の後藤がいかに企業のことを知らないとはいえ、あまりに見当違いで開いた口がふさがらない。

後藤は「百年に一度の経済危機が襲っている事態には、経済人首相がふさわしいですね。それに奥田さんは明るい」と続けているが、あれだけ問題になった派遣切りのことは後藤の頭からスッポリと抜け落ちているのである。

堺屋は「正論を吐」く、御厨は「物事のいい悪いをはっきりと言」うと奥田を推しているが、正論を吐いて右翼の嫌がらせを受けたのは奥田ではなく小林である。

この本で取り上げた石坂泰三や木川田一隆《きかわだかずたか》、そして中山素平《そへい》などの毅然《きぜん》たる財界人の系譜を小林は継いでいる。その小林の死は財界を歪め、日本の権力人脈を変質させる象徴的な出来事なのかもしれない。

一九三三年生まれで、私より一まわり上のトリ年だった小林は二〇一五年に七八歳で亡くなった。

第一章

財界はどこへ行くか

1　財界の政権交代と稲盛和夫

財界野党だった稲盛と小沢一郎の関係

〝財界総理〟と呼ばれる経団連会長は人物で選ばれるのではない。企業の格で選ばれる。そのため、いわゆる老舗企業の経営者がそのポストに就き、新興企業の経営者は〝一見《いちげん》の客〟扱いで財界奥の院に入ることは許されなかった。かつては松下幸之助、現在では稲盛和夫が財界という〝一流〟料亭で二流の客として隅に追いやられていたのである。

新日本製鉄や東芝、それに東京電力といった経団連会長の歴代輩出企業に比して、トヨタでさえ一格落ちる扱いを受けてきたのだが、年数を経て、豊田章一郎、奥田碩と二人の〝財界総理〟を出すまでに認められるようになった。松下電器産業改めパナソニックも、そうした存在になってきている。

ところで、自民党から民主党への政権交代は、財界与党から財界野党への政権交代ももたらす。稲盛和夫の「行政刷新会議」入りがその象徴である。民主党幹事長の小沢一郎はこの稲盛を師とし、稲盛のアドバイスには真摯に耳を傾けてきた。政治献金疑惑で秘書が逮捕され、当時、民主党代表だった小沢への辞任コールが昂まった時、最終的にそれを促したのは稲盛だといわれる。

稲盛は一貫して小沢をバックアップしてきた。かつて、自民党と自由党が連携するために小渕恵三と小沢が会談した時、稲盛がそこに同席していた。というより、稲盛がそれを仲介したと言ってもいいのである。稲盛と小沢は独裁者と呼ばれる点が共通している。

稲盛のカルト的マインドコントロール経営

ところで、この稲盛に名誉毀損で訴えられているジャーナリストがいる。斎藤貴男である。

斎藤は『現代』の一九九八（平成一〇）年四月号で、「タカリ官僚を利用しながら行革を説く厚顔　恥を知らない稲盛和夫の『道徳』を問う」というタイトルで、稲盛批判を展開した。その一文は「天下のタカリ官僚・中島義雄を、昨年末、京セラに〝スカウト〟してしまった男である。記者会見で真意を問われ、『改心した者を受け入れただけ』と答えて話題になった」と始まる。

文中には「（稲盛）夫人が代表取締役のファミリー企業『ケイアイ興産』の監査役

に橋口収・元大蔵省主計局長を据えていた」という興味深い指摘もある。

その他、「彼の経営手法の真髄はオカルティズムである。信仰する『生長の家』の教義を採り入れ、〝超能力〟少年にスプーン曲げや透視の実演をさせて、社員を洗脳した」とか、「人間を操るためなら、国際的カルト集団が〝開発〟した瞑想法の導入さえも、稲盛は躊躇《ためら》わなかった」という批判もカンにさわったらしい。

橋口の部分は挙げていないが、これらは「いずれも完全な事実無根の中傷」であり、「原告（稲盛）はこれらに因り、その人格に対する社会的評価を非常に低下させられると共に、経済的信用も失墜させられ、その名誉も著しく毀損され、名誉感情を著しく侵害された」と怒っている。

私は稲盛に「非常に低下させられる」ほど高い「その人格に対する社会的評価」があったとは思わないが、愚かな〝稲盛教〟の信者にとってはそうだったのだろう。

「企業ぐるみ選挙」についても、稲盛は問わず語りの弁明をしている。

斎藤とのインタビューで、稲盛はそれをこう否定したのだという。

「日本の場合、ただでさえ個人の私生活に企業の価値観が侵食してくる風土がありま す。好例が企業ぐるみ選挙ですが、稲盛さんも先日の京都市長選でおやりになった。稲盛哲学と矛盾しませんか」

この斎藤の問いかけに、

「企業ぐるみ選挙などやっていません。わずかな幹部社員に、共産党が強くて与党四会派の候補が苦戦してるから、皆で呼びかけようじゃないかということはいたしましたけど」

と稲盛は答えている。

これが「否定」になるのか。むしろ、これは肯定ではないか。「わずかな」というのが何人を指すのか知らないが、その幹部社員に「皆で呼びかけよう」ということは、まさに「企業ぐるみ選挙」以外のなにものでもあるまい。

京都府八幡市の円福寺に「京セラ従業員の墓」なるものがある。高野山に松下電器（パナソニック）等が事故などの殉職者を弔う墓をつくっている例はあるが、希望者が死後入れるという「従業員の墓」は珍しい。〝社畜〟どころか、〝社霊〟である。

この京セラならぬ狂セラの創業者、稲盛和夫が出家するとかいって話題になったが、かつて生長の家の信者だった稲盛は、すでに〝狂セラ教〟の教祖であり、頭を丸めるかどうかは形だけの問題だろう。

「京セラ従業員の墓」については、とくに外国人ジャーナリストから質問を受けるたびに、返答に窮してきた。正気の沙汰とは思えないからである。中途退職者も多いのだが、まともな神経では勤めていられない。

元幹部の伊部四郎の『京セラ・血塗られたバランスシート』に、こんな一節がある。

第一次オイル・ショックを何とか乗り切った一九七六(昭和五一)年、総務担当部長が社長の稲盛を表彰しようと言い出したのだという。このゴマスリ部長は創業期に稲盛が市営住宅に住んでいるとか、パチンコが好きだとか言って、その庶民ぶりを喧伝した人であり、大マジメにこれを主張して、遂に実現に漕ぎつけた。一〇〇〇人近い社員から合計数十万円を集め、兜を贈ることにしたのである。幹部の二〇〇人ほどが集まって稲盛を呼び、こう口上を述べる。

「社長は、私どものために、日夜、心をくだかれ、我々をリードし、温かく激励して下さり、同時に、会社の利益を最大に向けてゆく努力を怠らず、非常に素晴らしい成績でこの会社を運営されていることを、我々社員は本当にありがたく思っております」

稲盛は目録をもらって涙ぐんだというが、呆れた茶番だろう。

労働基準法立ち入り禁止のような京セラを経営する稲盛が「国際派」と呼ばれるのだから、日本の経営者もおそまつ極まりない。

稲盛は一九八四（昭和五九）年に稲盛財団を設立し、京都賞をつくった。そして翌八五（昭和六〇）年の第一回特別賞にノーベル財団を選んだのである。世界で最も著名なノーベル賞を出している財団に賞を贈れば、京都賞はノーベル賞の上になるとでも思ったのだろうか。カネだけはノーベル賞と同格のこの賞の授与式に、スウェーデンから王妃まで招いて、失笑を買った。

この年に京セラは、武器輸出三原則違反、薬事法違反、そして電波法違反と、三つの違反でマスコミを賑わせる。

京セラのアメリカの子会社が武器輸出三原則に違反したことについては京セラは「いい加減な噂だ」と抵抗したが、人工骨を厚生省の承認を得ないで売っていたという薬事法違反と、NTTにしか認められていなかったコードレステレホンを製造販売して電波法に違反していたことは渋々ながら認めた。

前記の本で伊部は、京セラの朝礼の模様を、「戦闘開始の合図で、全員、ウォーッと叫ぶんですよ」と語り、「なぜ、全員が一つになって吼えるのか。それは、社員の精神力を集約して、心のすべてを生産に叩きこむためなんだ。同一の行動を足並み揃えてとるための行動なんです」と説明している。

つまりは、集団催眠にかけるということだろう。私は松下電器のPHP教経営を、そのマインドコントロールぶりにおいては、オウム真理教の上を行くと指摘したが、その松下よりさらに狂的なのが、京セラ稲盛の経営である。

しかし、経営者やサラリーマンのアンケートを取ると、亡くなった経営者では松下幸之助やダイエーの中内㓛、現存の経営者では、この稲盛が「尊敬する経営者」、あるいは「評価する経営者」として上位にランクされる。社畜はあくまでも、とにかくエサをくれる経営者を求めるということだろうか。

斎藤貴男は『カルト資本主義』（文藝春秋）と題して稲盛を批判したが、その伝道師が船井幸雄であり、小泉（純一郎）・竹中（平蔵）の「新自由主義」から、小沢・稲盛の「カルト資本主義」になることを私は恐れる。

ちなみに、長嶋茂雄もフナイ教の信者で、船井との対談でこう言っている。

「うちの家内が、先生の哲学に非常に心酔しておりまして、私も本を読ませていただいていました。何とか、先生の生き方や、将来に対する対応の仕方みたいなものを野球に取り入れることができないかと考えておりました」

V2をねらって、一九九五（平成七）年春に「お導きの指南をいただけたら」と行われた対談だが、長嶋のカンピューターに船井のそれが合わなかったのか、効果はなかった。

長谷川慶太郎と同じく、若いころは船井もマルキストだったという。しかし、転向者の常で、オカルトの世界に入った。

統一教会の機関誌で、この船井が持ち上げられたことがあり、セミナーに教会系の会社の幹部が参加したりしているが、それについて船井は「統一教会は、私にシンパシーを感じてるみたいなんだ」と言ったという。あるいはいつか、船井のセミナーの参加者が合同結婚式を挙げる日が来るのかもしれない。民主党支持者は小沢、稲盛、船井、長嶋、そして統一教会のつながりを果たして知っているのか。

松下政経塾ならぬ松下未熟塾

民主党には前原誠司(現・国民民主党)はじめ松下政経塾出身者が多いが、稲盛は同塾の評議員をしている。よくもまあこんなにと思うほど、松下政経塾の理事および評議員には私が『噂の眞相』などで「筆刀両断」した人間が並んでいる。人脈を知る意味で、あえて少し前のそれを取り上げる。

理事の上坂冬子と曾野綾子。

評議員は稲盛和夫、加瀬英明、加藤寛、唐津一、笹森清、中西輝政、弘兼憲史、鷲尾悦也等々。

連合会長経験者の笹森と鷲尾が雁首を並べているが、これでは労働組合が牙を抜かれるはずである。

相談役には、ウシオ電機会長の牛尾治朗や太平洋セメント相談役の諸井虔ら。この二人はリクルートコスモスの未公開株を譲渡されて、一度は財界活動を《自粛》したリクルートコンビである。

同塾には「塾訓」なるものがあり、「素直な心で衆知を集め、自修自得で事の本質を究め、日に新たな生成発展の道を求めよう」と高唱する。

しかし、「素直な心」と言っても何への「素直」なのかが問われなければならないのであり、便所の日めくりのようなこんな「塾訓」を掲げられても、私などは鼻白むだけである。国民には年金の加入と納付を求めながら、自分はそれに入っていなかったり、未納していた政治家たちも、いや、政治家たちこそ、己れを棚に上げて国民に「素直な心」を説いたりすることを忘れてはならない。

「入塾願書」には「創設者松下幸之助の考え方についてどう思いますか」と尋ねる項目もあるが、社員を金太郎飴にした松下幸之助こそが日本企業から活力を奪った張本人だと指弾しつづけてきた私などは論外なのだろう。

カリキュラムを見ると、松下幸之助研究あり、坐禅研修あり、自衛隊体験研修ありで、松下電器グループ企業の研修と似通っている。しかし、これでは組織の枠を破って、独創的なエネルギーを発揮する人間は育てられない。

数年前、全日本女子バレーボールチームが日本中を熱狂させるような活躍をしたが、その軸となる吉原知子、竹下佳江、そして高橋みゆきの三人は、監督の柳本晶一が、就任の面接の際に、バレーボール協会の首脳陣から、

「絶対に使うな」

と釘を刺された三人だったという。

吉井妙子著『甦る　全日本女子バレー』（日本経済新聞社）には、その時の柳本の言葉が載っている。

「個性の強いのを3人ブレーンにしておけば、その3人にまたグループができるので、結果的に3は6になり、6は12になるんです」

「同調」を強制する日本の企業では、本当の意味の個性の尊重はない。

だから、吉原知子はかつて、大林素子と共に、突然、所属していた日立製作所から解雇を言い渡され、その日のうちに放り出された。そして、イタリアのセリエAのアンコーナに入る。

「あのまま日立で選手を続けていたら、もうとっくに引退していたかもしれないし。

とにかく、セリエAでプレイした1シーズンが、私のバレー人生の中では最も大きな位置を占めている。すべてが新鮮だった」

吉原はこう回顧しているが、日立と同じ閉鎖体質をもつ松下傘下の政経塾から、国際的に開かれた人材は育たない。石原慎太郎に憧れる元神奈川県知事の松沢成文のような単純タカ派が出てくるだけである。

2　権力のありか

財界の機嫌をうかがう日本政治

日本の権力は政界にあるのか、財界にあるのか、はたまた官界にあるのか。

野党の支持を受けて参議院議長となった河野謙三（自民党の実力者だった河野一郎の弟で河野洋平の叔父）が評論家の松岡英夫との対談で、こう嘆いている。

「ぼくが非常に不愉快なのは、日本で何か政局で問題があると必ず〝財界の意向〟ということが出てくる。財界がどっちを向いているかなんていうことを新聞記事にする。最も不愉快だな、あれは……。

〝産業界〟というならまだわかりますよ。〝財界〟なんていう言葉が政界に作用する。しかもそれになんの批判もなく、財界のご機嫌をうかがっているような日本の政治というのは、非常に堕落していると思うな」

そして、松岡の、

「しかし現実に自民党としては、産業界といっていいか財界といっていいか、そこから政治資金をもらわないと党の運営もできない、選挙もやれない、ということになっているんですが」

という問いを受けて、河野は、

「だからね、ぼくの言うような認識に立つなら、自民党なんてもうどうなってもいい、選挙なんて負けてもいい、政権はどこかに譲りましょう、と。党よりもやはり国家が大事ですよ、というところまで徹しなければだめですよ。そこまで肚《はら》がすわらず、財界からの金で選挙をやって、あとでなんとかかんとか言っておったんじゃ、本当の改革はできやしないと私は思います。そこまで下がる決心がなけりゃ口の先の改革案ですよ。

日本の政治で一番いけないのは、権力者が三つあることですよ。官僚と財界と政界と。政界は官界——官僚に強い。この政界と官界と実業界と、藤八拳《とうはちけん》（拳の一種。狐・庄屋・鉄砲の三つの型の身振りによって勝負を争い、続けて三拳勝った方が勝ち）やってるようなものなんです。やはり一国の中心は政治であって、政治が官僚にも財界にも一切支配を受けないという毅然たるものがなければ、最高権威としての政治というものを認めるわけにはいかんですよ」

と言い切っている。

参議院改革を掲げて河野が議長となったのは一九七一（昭和四六）年夏だが、それから三〇年余り経った二〇〇三（平成一五）年一月六日の経済三団体（それまでは経済団体連合会、いわゆる経団連に日本経営者団体連盟、いわゆる日経連、日本商工会議所、そして経済同友会の四団体だったが、経団連と日経連が合併し、日本経団連となって三団体となった）共催の新年祝賀パーティに、首相の小泉純一郎は参加しなかった。のちに日本銀行副総裁となる武藤敏郎（財務省事務次官）も姿を見せなかったが、これは異例のことだった。

小泉の改革に辛い点をつける日本経団連会長、奥田碩への腹いせなのか、それとも、河野謙三の指摘する「毅然たるもの」を小泉が持ったからなのか。

私は、財務省（旧大蔵省）に丸抱えされた小泉の「構造改革」とやらを改革とは認めていない。官僚の中の官僚である財務官僚が困ることを小泉はまったくやっていなかったからである。

政治献金の再開

経団連会長を俗に〝財界総理〟というが、一九九三（平成五）年に当時の経団連会長、平岩外四《ひらいわがいし》（東京電力会長）が政治献金の斡旋を廃止して以来、政界と財界の距離は遠くなった。いわゆる「カネの切れ目が縁の切れ目」である。小泉が新年祝賀のパーティに出てあいさつしなかったのも、その流れに乗ったからに過ぎない。

しかし、逆に、奥田は焦り、政治献金の再開に動く。それはすでに平岩の後の会長、豊田章一郎の時から始まっていた。明らかに進歩ではなく、退歩である。

二〇〇二（平成一四）年の政治資金収支報告書によると、経団連が斡旋しないため、全体として企業・団体献金の額は減っているが、それでもトップの日本自動車工業会のそれは八四七〇万円である。以下、日本鉄鋼連盟の八〇〇〇万円、東京証券取引所取引参加者協会の七四二五万円、日本電機工業会の七〇〇〇万円と続く。

興味深いのは次の五位にトヨタ自動車が入っていることで、献金額の六四四〇万円は六位の石油連盟の六〇〇〇万円より多い。

七位の不動産協会から一七位のサントリーまでは、団体名か社名だけを挙げよう。

全国信用金庫協会、ホンダ、新日本製鉄、日本百貨店協会、前田建設、日立製作所、東芝、松下電器、日本自動車販売協会連合会。

新日鉄の凋落《ちょうらく》が目を引く。それと、自動車工業会は自民党だけでなく、民主党にも献金していることを付記しておこう。

時代に逆行して、再び政界と腐れ縁をもとうとしている奥田碩を批判して、私は『噂の眞相』の二〇〇三（平成一五）年一〇月号にこう書いた。

（奥田は）政治献金を再開させる日本経団連の会長である。トヨタ自動車の会長でもある奥田は、自民党だけに献金すると批判されるのを恐れて民主党への献金も考えているらしい。民主党と自由党の合併には京セラの稲盛和夫が介在したが、菅直人は奥田がくれると言えば、のこのこと経団連にカネをもらいに行くつもりなのか。

日本経団連の前身の旧経団連が政治献金のあっせんをやめたのは、いまから十年前、佐川急便事件が問題となった時だった。当時、自民党を中心に年間百億円以上にも及んだ献金は、それによって三分の一以下に減った。その献金を再開するということは政策をカネで買うということである。リストラで社員のクビを切っても献金にまわそうということだろう。

私が松下電器と並ぶ非常識企業として糾弾してきたトヨタのトップならではの発想である。

かつてトヨタは、夏に木曜金曜休みの土曜日曜出勤ということをやった。土日は電気代が安いからというのがその理由だったが、私などに批判されてはじめて、おかしいということがわかり、あわててやめた。

「田舎の三年、京の昼寝」という諺《ことわざ》がある。田舎で三年、懸命に勉強するよりも、京の都で昼寝でもしている方がはるかに進歩するという意味である。

城山三郎の親友だった評論家の伊藤肇はその諺を挙げてトヨタのおかしさを批判し、「愛知県の片田舎、挙母《ころも》を豊田市に改名させ、そこに封建領主さながらの閉鎖的企業王国を築きあげ、そこに安住していたら、人間も企業もおかしくなってくるのは当たり前だ」と断罪した。以来、何十年経《た》っても、トヨタのおかしさは変わらないのだろう。おかしいと思っていないのだから、変わりようがない。

欠陥車事件を起こした時もそうだった。日産が工場の極秘部分まで開放して陳謝したのに対し、トヨタは次のような広告を打って居直った。

「トヨタは日本を大きくする新しい基幹産業です。昨年の自動車の輸出総額は七億一千五百万ドル。その約半分の三億七千万ドルが、トヨタ一社によって、獲得されました。これを、海外旅行者一人当たりの外貨枠五百ドルで計算すると、昨年の渡航者五十四万人の一・三倍――七十四万人分の費用に相当する莫大な額であることがわかります。一方、輸出主要品目の中でも、自動車は他より外貨手取率が高く、貿易収支の上からだんぜん有利な商品といわれています。この点からも、トヨタは輸出戦略産業のリードオフマンとして重要な立場にある、といえましょう」

この広告はどうにも鼻もちならないと、ひどく評判が悪かった。それなのにトヨタはこのPRを何度も繰り返したのだというが、そのゴーマンさはいまもまったく変わっていない。下請けを徹底的に叩き、道路を倉庫がわりにする「かんばん方式」を自慢していることでもわかるように、トヨタやそのトップの奥田にはパブリックの観念がまったくないのである。

献金の斡旋再開については、経団連の中に反対も少なくない。しかし、奥田はそれを無視して再開を強行しようとしているのだが、〝トヨタの意向〟が〝財界の意向〟

だとでも言いたいのだろうか。

トヨタについてはこんな思い出もある。

主にTBS系のテレビで政治記者ならぬ政治話者として活躍した岸井成格《しげただ》（毎日新聞特別編集委員）は私の慶大法学部のゼミナール（峯村光郎教授の法哲学研究会）の同期生だが、五〇年近く親交をつづけている彼から、あるとき電話があり、某月某日の夜は予定があるか、と言われた。手帳を見ると空いていたので、ないと答えると、トヨタの役員と夕食をという。

あまり気は進まなかったが、わかったと言って電話を切った。ところが数日して、岸井から再び電話があり、向こうから、その人はまた別の機会にと言われたということだった。

天下のトヨタの役員に私の批判を受け入れる度量はないらしい。たとえば住友銀行でさえ、私が痛烈な同行批判を展開していた時に、人を通じて私に会いたいと言ってきた役員がいた。もちろん、インタビューを申し込んでも、断ってくる会社やトップは多い。しかし、〝財界総理〟を出しているトヨタがこんなことでは困るのではないか。

トヨタが変わらなければ日本は変わらないと考える点で、自動車評論家の徳大寺有恒と私は一致した。『週刊金曜日』一九九六（平成八）年二月二日号の二人の対談から、一部を引く。

「トヨタ自動車会長の豊田章一郎氏が経団連会長に就任する前後の話ですが、たまたま作家の城山三郎さんとともに平岩外四さん（前経団連会長）に会いに行ったんです。その時、城山さんには珍しく詰問口調で、なぜ豊田さんなんだ？　他に選択肢はなかったのかということを聞いていました。やっぱり財界の中心になるには、（トヨタは）ふさわしくない会社ということなのでしょうね」

と私が口火を切ると、徳大寺はこんなことを言った。

「ぼくはある新車発表のパーティで、何気なく『トヨタってオウム（注・真理教）に似ているな』と言ったら、広報の担当者が『どこが似ているんですか』とくってかかってきました。なぜならトヨタという会社は、できることなら社員は無論のことユーザーもトヨタ的に洗脳をしたいと思っていますね。それと自分たちだけが正しくて、自分たちの言っている以外のことを言う人間というのは正しくないんだと頭から思っているのです。民主主義というのは他人は自分と違うんだというところから始まるじゃないですか。それがないんだな、トヨタっていう企業は」

城山三郎が『もう、きみには頼まない』（文春文庫）で描いた石坂泰三にしても、

「財界の良心」といわれた木川田一隆にしても、奥田などとは比較しようのないくらいスケールが大きく、一企業を超え、日本を超えて、ものごとを考えていた。

東京電力のトップだった木川田は、自民党はもちろん財界から非難を浴びても、企業としての政治献金を廃止した。そのとき、「たとえ自民党がつぶれても」と言い切ったが、同じようなことを明言した小泉純一郎総裁の下《もと》、自民党はまだつぶれてはいない。

3　失われた財界人の哲学

経済同友会の堕落

かつて革新都知事の美濃部《みのべ》亮吉《りょうきち》に対抗して、自民党が石原慎太郎をかつぎ出した時、〝財界総理〟（経団連会長についてこの呼称が使われるが、御手洗冨士夫らは小物で、とてもこうは呼べない）の石坂泰三は朝日新聞記者の大谷健に、

「都知事が大事というなら、岸（信介《のぶすけ》）さんでも、佐藤（栄作）さんでも、大物を出

せばよい。なぜ文士など出す。それなら僕は選挙で美濃部に入れる。美濃部君はお父さん（達吉）が（天皇機関説で）いじめられたから、ああなったんだろう」

と言ったという。

大谷はこの発言に驚きつつ、これは石坂の名門好き、エリート意識ではないかと書いている。

しかし、本当にそうだろうか？

たしかにそれもあったかもしれないが、それだけではなくて、私はやはり石坂が、石原のファッショ的体質になじめないものを感じたからだと思う。

石坂は、古典的ともいえるほどの自由主義者であり、「レッセ・フェール、レッセ・パッセ」の信奉者だった。だから、統制につながるものはすべて極度に警戒し、過当競争を恐れて「自主調整」の理念を掲げた経済同友会に対しても、

「自主調整と言えば聞こえはいいが、中身は統制経済。そんなことを言う同友会とは、一体どういう会かね」

と痛烈な皮肉をとばした。

府立一中以来の石坂の友人には、歌人の吉井勇や作家の谷崎潤一郎がいる。

夫人が亡《な》くなった時、石坂は、

声なきはさびしかりけり亡き妻の

写真にむかい物言ひてみつ

という歌をつくった。こうした「教養」は前記の財界四団体首脳には望むべくもない。

石坂には「どういう会かね」と皮肉られたが、その同友会の看板的存在だった木川田一隆は、一九七一（昭和四六）年の春、赤軍派が財界首脳を襲うという情報が流れ、警視庁が当時の経団連会長、植村甲午郎《こうごろう》、日経連代表常任理事の桜田武《たけし》、日商会頭の永野重雄、そして同友会代表幹事の木川田らの身辺警護に当たった時、「植村が左翼からねらわれるのはわかるが、私の場合は右翼からではないのかね」と冗談を言ったといわれる。

事実、木川田は、同じ年の秋に、まだ国交が回復していなかった中国への経済人訪中団を組織し、右翼から、自宅に爆竹を投げ込まれたりした。しかし、木川田はまったく動じなかったという。

経済同友会は成立まもない一九四七（昭和二二）年、企業民主化研究会の大塚万《ばん》丈《じょう》委員長の下、衝撃的な「企業民主化試案」を発表した。

「経済民主化ということは、これをいかなる意味に解すべきか？　これを一口にいえば産業の運営に関して、総べての関係者をしてこれに参画せしめることに帰着する」

と、いささか大時代的に書かれたこの「試案」は、

「経済民主化に当ってその対象となるものは、決して労働者、農民に限られる訳ではなく、広く社会成員の総べてに及ぶものであって、このことは産業の運営に当って、一般消費者の発言権も亦、反映せしめられねばならぬものであることを考えれば、容易に理解されるところであろう」

と〝宣言〟した。皮肉に言えば、同友会はこの大塚試案を頂点として、その後、後退に後退を重ねたとも言える。ただ、一九六三（昭和三八）年以降、一五年余り、代表幹事をつとめ、「考える同友会」の文字通り〝顔〟となった木川田は、ある種の哲学をもち、ビジョンを打ち出した。そして、企業の社会的責任を高唱したのである。

その同友会の代表幹事に、「クルマ公害」の一翼を担《にな》う日産自動車の会長がなったところに、同友会の堕落が窺《うかが》える。

あるいは、財界全体に、哲学や理念を持った経営者はリーダーとなれない雰囲気《ふんいき》があるのかもしれない。

住友金属工業の日向方齊《ひゅうがほうさい》や三井銀行の小山五郎のように、名誉会長や相談役になっても代表権を手放さず、老醜をさらけだした経営者も多い。まったくケジメがないのである。

勲章を固辞する潔さ

その点、退《ひ》きぎわもきれいで、〝老人のワッペン〟である勲章を拒否し通した日経連および日清紡の師弟コンビ、宮嶋清次郎《みやじませいじろう》と桜田武が光る。

吉田茂の盟友でもあった宮嶋は、経団連、同友会、日経連の財界三団体が事務所をおいた丸の内の日本工業倶楽部《クラブ》の理事長を戦後まもなくから長くやったが、財界のさまざまな会合が持たれたこの倶楽部には、当時、冷房はもちろん、洗面所に給湯設備もなかった。主事の山根銀一がこれに対する会員の苦情を取り次ぐと、宮嶋はこう言ったという。

「冷房がないと夏に会議ができないような経営者は第一線を引いてもらえ。手なんか洗うのに湯がなくては冬が越せないような老人は、とても企業の厳しさには堪えられまいから、遠慮なくやめてもらえ」

この厳しさが、勲章などという〝大人のオモチャ〟を拒否させたのだろう。

「日本は戦争に負けたのだ。せめて工業倶楽部にだけは謙虚、質実な精神を残せ。工業倶楽部は料理屋じゃない」

これも宮嶋の言葉である。

また宮嶋は、工業倶楽部の屋上にゴルフ練習場をつくる案が出てきた時には、こう言って怒った。

「いいか。このごろの労組のあり方も目に余るが、経営者の心構えはさらになってない。お前が労組の人間で、工業倶楽部の前を通ったと思え。いい年をした人間が、白昼、棒なんか振り回して遊んでいるのを見たら何と思うか。二度と再びこんな案は俺《おれ》のところに持ち込んで来るな」

現在は、その労組の人間が「白昼、棒なんか振り回して遊んでいる」時代になったが、宮嶋は進退においても、現代の老害経営者たちにその爪《つめ》のアカを煎《せん》じて飲ませたいほど潔《いさぎよ》かった。

四〇歳で日清紡の社長になった宮嶋は、六一歳でその椅子《いす》を退いて会長になり、六六歳でそれも退いて相談役になっている。当たり前といえば当たり前だが、これができない経営者があまりに多いのである。

宮嶋の愛弟子《まなでし》の桜田武は、宮嶋に倣《なら》って、四一歳で社長になった後、六〇歳で会長に退き、六六歳で相談役と、まったく同じコースをたどった。

ワンマンといわれた吉田茂が、総理となって最も頼りにしたのが、宮嶋だった。

吉田は宮嶋の葬儀で、こんな弔辞を読んでいる。

「宮嶋君　君の写真を前にして僕が弔辞を読まうとは考えても見なかった（中略）同期生が去って行くのは　たまらなく淋《さび》しいものだ　日露戦争後の勝利に湧《わ》き立つ明治三十九年　君と僕とは共に大学の門を出た（中略）僕達の年齢になると　人間の成《じょう》就《じゅ》し得る限界は大凡《おおよそ》見当がつくようになる　そして一番大切なことは　自分よりもえらくなりそうな男を育てることに気がつくものだ（中略）君が桜田（武）山本（為三郎《ためさぶろう》）水野（成夫《しげお》）の三君をそれぞれの分野で育てたからだろう　日銀政策委員として君は池田首相を育てたとも言へよう　男子の本懐である　明治の土性骨《どしょうぼね》はこの人々によってきっと生かされる筈である（中略）君が冥福《めいふく》を心から祈り謹んで哀悼の意を表する」

欲のない宮嶋は、日清紡の会長をやめた時、退職金を辞退し、社員が胸像を各事務所に飾るというのを断乎《だんこ》として断った。

そしてまた、勲章も固辞したのである。

「男の一生をかけた仕事に、官僚から勲何等なんて等級をつけられてたまるか」という気持ちからだ。しかし、吉田茂と池田勇人《はやと》が死後に勲一等を贈ると言い出すかもしれない。

いや、これは「かもしれない」ではなく、明白だと言わなければならないだろう。

桜田武はそれで、

「私ではとても辞退しきれないから一筆書いておいて下さい」

と宮嶋に頼み、宮嶋は生前に、

「栄誉の思召《おぼしめ》しは一切断る」

という遺書を書いたのである。

この宮嶋の東大時代の保証人は、わが国労働運動の先駆者、片山潜《せん》だった。宮嶋は片山とは異なる人生を歩んだが、つねに「経営者は、人間が主人公になれる集団を、企業をつうじてつくりださなければならない」と考えていた。

その教えを受けた桜田武は「タカ派」のイメージが強いが、遠慮のない直言は、労働組合だけでなく、経営者や企業に対しても向けられた。

たとえば、一九七三（昭和四八）年春に出されて物議をかもした「産業構造の改革」という提言がある。これは桜田と三井銀行の佐藤喜一郎がリーダーの産業計画懇談会が発表したもので、公害と資源不足に対応するため、抑制すべき業種として鉄鋼や自動車を名指ししていた。

経営の自己責任を説く桜田は、だから、一九七八（昭和五三）年春に、新日鉄相談役（当時）の永野重雄が動いて、倒産寸前の佐世保重工を〝政治救済〟する話が持ち上がった時も、日経連設立三〇周年記念総会の席上、

「政府肝煎《きもい》りの仕事を私は排斥するものではありませんが、官民癒着《ゆちゃく》は後進国政商のすることであります」

と痛烈に批判した。

「企業の社会的責任」は雇用と納税と公害防除を果たすことにあり、「結果に対する自己責任主義」に徹して、たとえば、環境汚染を防ぐことができないなら廃業しなければならない、というのである。

桜田は、池田勇人以来の自民党の派閥「宏池会《こうちかい》」の御意見番をもって任じていたが、一九六五（昭和四〇）年に池田が亡くなってまもなく開かれた日経連臨時総会では、池田を喪《うしな》った悲しみからか、

「戦後二〇年間、かかる政治家しか育てられなかったわれわれの不明を反省せねばならない」

という激語を吐いた。

永野重雄のように、政権が交代しても、つねに時の首相とくっつく財界人と、宏池会ひとすじの桜田は違《あ》っていたのである。

いま、よかれ悪しかれ、一人の実力政治家だけと強い絆《きずな》をもつ経営者は少ない。政治家にも哲学がなくなったが、経営者にも哲学というか、思想がなくなった。利を求めて、時の首相に群がるだけである。

「金を散ずることにおいて成功した人物」

その点、大原孫三郎《まごさぶろう》、総一郎父子は、屹立《きつりつ》した感じを与える。抜きん出て魅力があるのだ。

倉敷紡績の元社長、大原孫三郎はクリスチャンだった。

大内兵衛《ひょうえ》（法政大学元総長）は「偉大なる財界人——大原孫三郎は何を残したか」という講演で、こう言っている。

「金を儲《もう》けることにおいては大原孫三郎よりも偉大なる財界人はたくさんいました。しかし、金を散ずることにおいて高く自己の目標を掲げてそれに成功した人物として、日本の財界人でこれくらい成功した人はなかったといっていいでしょう」

大原社会問題研究所、大原農業研究所、倉敷労働科学研究所、倉敷中央病院等々が

大原孫三郎の散財の対象となり、一部形を変えていまに残っている。

一八八〇（明治一三）年生まれの孫三郎は一八歳の時に上京して東京専門学校（早大の前身）に入ったが、学校にはほとんど行かず、吉原《よしわら》、洲崎《すさき》などの色街に入りびたった。そして費消したのが当時のカネで一万五〇〇〇円ほど。最後は高利貸から借りてまで遊蕩《ゆうとう》にふけったため、ついに父親の知るところとなり、激怒された。

この放蕩息子を回心《かいしん》させたのが、岡山孤児院の創設者、石井十次《じゅうじ》である。石井に感化されて孫三郎は二五歳の時、キリスト教の洗礼を受けた。

そして翌年、父親の後を継いで倉紡の社長となったわけだが、孫三郎はある時、石井の推薦で秘書となった柿原政一郎と、次のような会話を交わしている。

柿原「私は元来社会主義者で、貧民窟の研究などに興味を持っています。したがって、お金持ちの大原家の番頭には最も不向きで、とうてい秘書など務まりません」

大原「いや僕も実を言えば社会主義に関心を持っている。大原家の財産というものは祖先から貰《もら》ったものだが、僕はこの財産は神から、世のため、社会のためにお預かりしたものだと思っている」

社会主義を平等への志向だとすれば、それに関心を持たない人は、金を散ずることはできないだろう。

孫三郎はまた、こうも述懐している。

「正直に言って、僕は金持ちの息子に生まれたためにどれだけ難儀したか知れない。子供仲間からは差別待遇されて、実にいやな思いをしてきた。また金があるために自分でもずいぶんわがままな行動をして、我ながら情けない気がしている」

金持ちには金持ちなりの悩みがあるのかという感じだが、そうして悩んだ末に孫三郎は「社会のために神から預かった財産」を使い尽くしてもいい、と考えた。ここが普通のドラ息子と違うところである。

そして、前記の大原社会問題研究所、農業研究所などを設立した。

さらに、一九二〇（大正九）年、社会衛生の研究者、暉峻義等《てるおかぎとう》を倉敷に招き、工場を案内して、女工の深夜業の実態を視察させた。

『女工哀史』で知られる当時の彼女らは一二時間連続勤務の二交替制。綿紡工場内では、まだ幼い女工が綿塵《めんじん》にまみれ、睡魔と闘いながら働いていた。

その悲惨な状況を目の当たりにして、孫三郎は暉峻に、

「どうです。この不健康な有り様は。女の子がかわいそうです。しかし私一人、倉紡一社だけではどうすることもできぬのです。女工たちがもっと明るく働き、幸せな生活ができるよう、工場へ来て研究してくれませんか」

と熱心に説いたという。

労働の実態を研究しようとしても、工場の視察については、どこでも拒否されてきた暉峻は、孫三郎のこの言葉にびっくりした。

孫三郎は一九二三(大正一二)年には倉敷中央病院を設立している。

この病院では、いまでも、見舞い客の持って来た花や食べものを入り口で預かり、帰りに返す。

入院患者には貧しい人や金持ちの人、いろいろな階層の人がいる。特定の患者の枕《まくら》もとにだけ、花や見舞い品が積まれることのないよう、持ち帰ってもらうことにしたのだった。

この孫三郎の思想、精神は、息子の総一郎に見事に受けつがれた。

倉敷絹織(現クラレ)の社長として、企業の社会的責任を強調し、公害の発生者責任を高唱した総一郎は、こんなことを書いている。

「私は本田宗一郎氏の経営哲学に少なからぬ敬意を払うものである。将来、新しい仕事をする場合には、本田イズムを一つの手本としたいとさえ考えている。しかしオートバイの音は気になる。幸い、最近のオートバイは音も低くなりつつあるそうだ。競技場ではいざ知らず、少なくとも、人里を走るオートバイから騒音が消える時がきたなら、その時こそ本田氏の経営哲学は百パーセントの賛辞に値するものとなるであろう。私はせつにその日の到来を祈っている」

ちょうど、この一文を書いた一九六三（昭和三八）年ごろ、総一郎は中国向けビニロン・プラントの輸出で、多くの反対や右翼のいやがらせを受けていた。

しかし、彼は自分の考えを曲げず、一年半にわたるねばり強い説得によって、時の首相、池田勇人や、ワンマン吉田茂、それに実力者の佐藤栄作などを説き伏せ、このプラント輸出を認可させた。もちろん、国交回復前で、アメリカや台湾の反発もすごかった。この時の思い出を、総一郎はこう書いている。

「私は会社に対する責任と立場を重んずべきだと思うが、同時に私の思想にも忠実でありたいと思う。（中略）私はいくばくかの利益のために私の思想を売る意思を持ってはいない」

これは、対中プラント輸出を思いとどまれば、アメリカや台湾から商談がくる、そのほうがずっといいではないかと、彼を翻意させようとする財界人たちに対する答えでもあった。中国に対する戦争責任が、総一郎の思想の根底にはあったのである。

大原総一郎は、表面的には非常に穏やかな人のように見える。しかし、その内面にどんな強い意思が潜んでいたか。

テレビ演出家の娘の大原麗子は、こう書いている。

「あの、妥協を好まず、へこたれない理想主義者は、現実のもつ不器用さや凡庸の中に埋没しかける時、どんな憤怒《ふんぬ》をかみしめていたことか。（中略）父の音楽のきき方には確かに一種のさし迫った切実感があった」

これは、娘でなくてはなし得ない賢察だろう。

いま、翻《ひるがえ》って、その後の指導者たちをみる時、大原総一郎や木川田一隆と比して、その理想と哲学のなさに愕然《がくぜん》とせざるをえない。経団連会長だった斎藤英四郎にしても、同友会代表幹事だった石原俊《たかし》にしても、まったくニコポンのセールスマンに過ぎないのである。これは、あるいは日本株式会社の衰退の前兆なのかもしれない。

4　精神的お守り札としての安岡正篤

自己麻酔薬の役割

私は「自己批判」というものを信じない。「自己否定」というものも信じない。「自己否定」は、しばしば際限もない「自己肯定」に陥りやすいし、「自己批判」も、他人に批判させないための防波堤めいたものになりがちである。

自分の弱点に自分でメスを突き刺せるほど、人間は強くはないだろう。だから、他人の批判を大切にしなければならないのに、特に政治家や経営者は苦言を呈する者を斥《しりぞ》けて、自分の姿を見失ってしまう。

ミサワホーム社長の三澤千代治《ちよじ》のように、それについて自覚的な者は稀《まれ》なのである。

ある時、三澤は社員たちと懇談していた。三澤がいろいろ話すと、社員は頷《うなず》く。あまりに頷くので、三澤はわざと間違ったことを言ってみた。ところが、社員はそれでも頷いているのである。

そのもっともらしい顔を見ていて、三澤は、

「ああ、社長の話なんて本気で聞いていないんだな」

と思ったという。

それで三澤は、これまで二度、自らの〝死亡宣言〟をし、社員や取引先に対して、

「前の社長はバカなことばかりやっていまして……」とまで言って、彼らの苦言を引き出す工夫をしている。

しかし、多くの人間は、とりわけ権力を持つと、かつての三越社長、岡田茂のように、その気になって帝王の如《ごと》く君臨してしまう。

シェークスピアは『ジュリアス・シーザー』の中で、

「あの男、一角獣は立樹《たちき》で、熊は鏡で、象は陥穽《かんせい》で、それから獅子は罠《わな》で、そして人間は追従者《ついしょうしゃ》によって見事に生捕りにされるというような話を聞くのが大好きなのです。ところで、だが、あなただけは追従者が大のお嫌いで、といってやると、先生、むろんそうだと大得意なのです。つまり、もっとも見事に追従に乗っているわけで」

と作中人物に言わせているが、私は政財界人に「あなただけは追従者が大のお嫌いで」と耳元で囁《ささや》いて、自分というものを測定できなくさせたのが安岡正篤《まさひろ》だと思う。

帝王学だとかいって、死後もその本が読まれているらしい安岡である。

吉田茂をはじめ、歴代総理が「老師」と呼び、官僚や経営者にも師事する者の多かった安岡は、彼らにとって、精神安定剤《トランキライザー》、もしくは自己麻酔薬の役割を果たした。

「あなただけは例外」という態度を安岡がとった例としては、一九六六（昭和四一）年に、安岡が三菱油化の社長、池田亀三郎《かめさぶろう》の「社長寿像記」の撰文《せんぶん》をしたことが挙げられる。

これを頼みに行った同社常務（当時）の伊藤貞治《ていじ》に、安岡は、

「私は生存者のものは一切書かないことにしている。今日著名人でも、明日それに価《あたい》しなくなる人も多いからである。しかし池田さんは違う。喜んでお引き受けする」

と言ったという。

生前、安岡を囲む経営者の会には、新日鉄の武田豊、野村證券の田淵節也、三井物産（のちにＮＨＫ）の池田芳蔵《よしぞう》等が集ったが、武田は社長として一万九〇〇〇人の合理化を発表しながら、その責任を感ぜずに、そのまま会長になったし、池田もイラン石油化学プロジェクトの問題で、出処進退が潔いとは言えなかった。こうした人たちのもっと前から、安岡の薫陶を受けていた三菱鉱業セメントの大槻文平（日経連会長）など、新行革審の会長が五島昇（日商会頭）に決まりかけるや、それにイチャモンをつけ、その後、自分がそこに座るという醜態をさらした。

安岡の始めた日本農士学校の校則には「人を責むべからず。毎《つね》に自ら省るべし」とあるというが、前記の弟子たちは、とてもそれを実行していたとは思えない。


独善的な〝言葉の綾取り師〟

そもそも、安岡自身に、己れや自国のことが見えていたとは思えない節もあるのである。

安岡は『日本の父母に』という小冊子の中で「父の役割・母の役割」を説いたあと、ルソーは確かに天才であったが、意志薄弱な性的変態者であり、マルクスは利己主義者で弟は低能であった、といった安手な反共演説まがいのことを書いている。

そして、「私はヒットラー全盛時代、ドイツを旅行して、いかに彼が総統を神聖化することに汲々《きゆうきゆう》として居るかといふことに感を深うして、今更のやうに日本の皇室を貴く思ひました」とも書いているが、〝御真影〟という写真まで拝ませて、「神聖化することに汲々」としたのは、むしろ、わが日本だったはずである。

安岡のこうした独善は、次のエピソードにおいて極まる。

一九七二（昭和四七）年夏、佐藤栄作の後を継いで首相となった田中角栄は、中国との国交回復に意欲を燃やし、外相の大平正芳との二人三脚で、その実現に邁進《まいしん》していった。

国交回復のための最大の障害は「台湾問題」である。「中国を代表する唯一の合法政権」と互いに言い合っている中国（中華人民共和国）と台湾（中華民国）の双方にイイ顔をするには、どうしたらいいか。中国と国交を回復しても、台湾と断交しないですむ道はないか。

こうした考えから、田中の頭に浮かんだのが、万に一つの望みもないけれども、台湾への特使派遣だった。そして、この損な役まわりを引き受けさせられたのが椎名《しいな》悦三郎である。

台湾のマスコミは、椎名を「説得」のための特使と断じ、連日すさまじいばかりの反発キャンペーンを張った。

「何のために椎名は来るか」から「戦争状態復活宣言を」までエスカレートしたのである。

その渦中《かちゅう》へ出かけて行かなければならない椎名は、田中や大平に自分は何を言えばいいのか尋ねたが、田中は大平に任せてあると逃げ、大平はボソボソと公式論を繰り返すばかりだった。

それで椎名は、ともかく「台湾に事情を説明し、台湾側の忌憚《きたん》のない意見を聞くために」出かけて行く。

この時、携行したのが田中から蔣介石《しょうかいせき》宛《あ》ての親書である。

『記録　椎名悦三郎』によれば、この親書は、外務省アジア局の依頼を受けて安岡正篤が起草したものだという。

ちなみに、安岡は最初、アメリカが発表した戦犯容疑者の中に入っていた。それを知った蔣介石が、戦前からのつきあいのある安岡を、直ちに中国側の戦犯に変更するようアメリカに強く要請し、その結果、安岡はトップクラスの戦争責任を免《まぬか》れることになった、といわれる。

そうした関係もあって、安岡は日中国交回復に大反対のはずだった。にもかかわらず、この親書の起草を引き受け、

「台湾の要路が一読して腹を立てながらも、しかし、うまいことを言うなあ……といわしめる文章を書こう」

と言ったという。

自分の信念とは別に「うまいこと」を書こうと思ったわけで、いい気な〝言葉の綾《あや》取《と》り師〟の面目躍如と言うべきだろう。

もちろん、こんな安岡の文章が効力を発揮するはずもなく、椎名特使一行は「椎名帰れ」の激しいデモに迎えられ、その車めがけて石や卵が投げつけられた。椎名の車ではないが、一行のある車など、棍棒《こんぼう》でフロントガラスを叩き割られたのである。

台湾の「要路」も冷たいあしらいで、椎名たちは帰国まで、公務以外は一歩もホテルから出ることができなかった。

のちに椎名は、

「あの時はただ忍の一字だったねえ」

と述懐している。

この椎名に、安岡の親書の文章はどう映ったのだろうか。

非エリートには効かない安岡の麻酔

歴代の首相の中で、吉田茂、池田勇人、佐藤栄作、福田赳夫《たけお》、大平正芳と、官僚出身のエリートたちが安岡を敬慕したのに対し、田中角栄や三木武夫、そして鈴木善幸といった非エリートは、概して疎遠《そえん》だった。

どちらにより強く「自分」があったのかは知らないが、安岡の麻酔は非エリートには効かなかったのである。

非エリートは、野村證券会長の田淵節也のように、

「先生の話を聞くと、指導者というものの原点を教えられるような気がします。もちろん、あんなにえらい人だから、個々の会社の問題なんか話さない。要するに、私なんか先生に教わるというより、おそばに置いてもらっていることだけで有り難いですね」

などと言うことはなかった。

安岡の教えを受けたと称する人で、私は批判を聞く耳を持った人に会ったことがない。自己修養とか自己研鑽《けんさん》とかは結局、それを積めば積むほど頑《かたく》なな個をつくることになるのか。他人とか社会をハネつけることになるのか。

戦前から続いている修養団という社会教育団体があるが、その後援会長は前記の大槻文平、副会長には住友金属工業の日向方齊や三井銀行の小山五郎が名を列《つら》ねている。日向は代表取締役名誉会長という珍妙なものになっているし、小山は代表取締役相談役という珍無類な肩書をつけていた。こうした老害の象徴のような存在が修養団運動を進めているのである。

彼らの積む修養とは、限りなき自己肯定を意味するのだろう。そこに「他者」が入り込む余地はない。いま、異常に肥大した自己が、日本の政財界を暗く覆《おお》っている。つけるクスリのない自己のバケモノである。

5　安岡正篤から四元義隆へ

安岡正篤と田中清玄

安岡正篤は一八九八（明治三一）年生まれだが、同じく右翼的な考えを持つと言われながら、鋭く対立するようになる田中清玄《きよはる》は一九〇六（明治三九）年に生まれた。そして、最初は安岡に学び、のちに田中の後を継いで三幸建設の社長となる四元義隆《よつもとよしたか》は一九〇八（明治四一）年に鹿児島に生まれている。

安岡とつきあいがあるかと問われた田中清玄はこう答えた。

「全然ありません。そんな意思もありませんしね。有名な右翼の大将ですね。私が陛下とお会いしたという記事を読んで、びっくりしたらしい。いろいろと手を回して会いたいといってきたけど、会わなかった。（中略）天皇陛下のおっしゃることに筆を加えるような偉い方と、会う理由がありませんからと言ってね」（『田中清玄自伝』文藝春秋）

田中清玄はまた、かつては共産党員だったが現在は右翼なのかと問われて、「右翼。本物の右翼です。あんた、なんだと聞かれたら、今でも右翼だとはっきり言いますよ。右翼の元祖のようにいわれる頭山満《とうやまみつる》と、左翼の家元のようにいわれる中江兆民が、個人的には実に深い親交を結んだことをご存じですか。一つの思想、根源を極めると、立場を越えて、響き合うものが生まれるんです」（『田中清玄自伝』）

と答えている。

田中は会津藩松平侯の家老の家に生まれた。それで、生地は北海道ながら「生粋の会津人」と称していた。一九二八（昭和三）年に秩父宮と松平家の長女節子（勢津子妃）との結婚が決まった時、会津の人たちは「これで賊軍の汚名は晴らされた」と泣いて喜んだといわれるがと質問されて、「その通り」と応じている。

田中清玄の祖先の玄純の従兄弟《いとこ》に、会津藩の筆頭家老をつとめ、京都守護職となった松平容保《かたもり》に従って京都に行って新撰組《しんせん》をつくった田中土佐玄清がいるが、司馬遼《りょう》太郎《たろう》は、ある日、田中清玄と会って、

「私はあなたの先祖の田中土佐よりも、田中清玄その人に興味を持つ」

と言ったという。しかし、田中清玄は、長州に必要以上にのめり込んでいる司馬を、薩長代表の者として突き放している。

学生時代に共産党員となった清玄を恥じ、母親は次のような遺書を残して自裁した。

「お前のような共産主義者を出して、神にあいすまない。お国のみなさんと先祖に対して、自分は責任がある。また早く死んだお前の父親に対しても責任がある。自分は死をもって諫《いさ》める。お前はよき日本人になってくれ。私の死を空しくするな」

この母親の血を受け継いだ熱血漢の清玄は、その後、転向して「本物の右翼」になった。

四元義隆と池袋正釟郎

安岡に金鶏学院で学び、のちに強烈な批判者となったのが四元義隆だった。安岡と同じように「歴代総理の指南番」といわれたが、とくに中曽根康弘《やすひろ》や細川護熙《もりひろ》、そして武村正義と近かった。ちなみに田中清玄と親しかったのは田中角栄である。

『中央公論』の一九九五（平成七）年六月号で「戦後50年の生き証人」として四元が語っている。編集部のつけた四元の紹介にはこうある。

「一九〇八年鹿児島県生まれ。第七高等学校（現鹿児島大学）卒。東京帝大法科中退。三二年の血盟団事件に連座し入獄（懲役一五年）。四〇年恩赦で出獄後、近衛《このえ》文《ふみ》

麿《まろ》、鈴木貫太郎のブレーンとして活躍。農場経営を経て五五年から田中清玄の後を継いで三幸建設社長に就任。『一匹狼の非利権右翼』といわれている」

「僕は右翼じゃないです。あえて言えば、右のさらに右、左のさらに左」と語る四元について『血盟団事件上申書・獄中手記』（血盟団事件公判速記録刊行会）〈業界公論社内〉を引いて興味深く書いているのが伝記作家の小島直記である。小島は『一燈を提げた男たち』（新潮文庫）に、四元と彼の親友だった池袋正釟郎《しょうはちろう》を中心に血盟団事件に関わった人たちを詳述している。

リーダーというか、盟主は井上日召《にっしょう》だった。当時四五歳の元大陸浪人である。それぞれテロの対象とする人物を決めていたが、四元がねらったのは内大臣の牧野伸顕であり、池袋が追ったのが元首相の西園寺公望《さいおんじきんもち》だった。

他に小沼正《おぬましょう》が元蔵相の井上準之助をねらって射殺し、菱沼五郎《ひしぬま》が三井合名理事長の團琢磨《だんたくま》を対象として射殺している。

ファッショ的国家改造をめざすテロリストの集団だった血盟団に、東京帝大生の四元義隆と池袋正釟郎は加わった。旧制七高で知り合った二人は、やがて共同で家を借り、自炊生活を始めるようになる。

その後、安岡正篤を知り、「この人は単なる学者にあらず、国家改造に志ある人物」と判断して、池袋は安岡の創始した金鶏学院に入る。四元も行動を共にした。

吉田茂の岳父、牧野伸顕と親交を結んだ安岡と、その牧野を射殺しようとした四元の、数奇な師弟関係がここから始まった。

井上日召を安岡に紹介したのは、金鶏学院の第一期生で、安岡の勧めで茨城県庁に就職し、社会教育主事となって井上を知った野口静雄だった。そんな縁で金鶏学院関係者が筑波山に旅行した時、井上も参加し、四元と池袋を惹きつける。

この旅は、安岡と井上の「懇親と提携」にはならず、四元と池袋を強烈に井上に近づける契機となった。池袋は上申書でこう述べる。

「井上さんに接するようになって僕の観念論は粉微塵《こなみじん》に砕かれた。妄想は見事に吹飛ばされた。今まで自分では本当に革命運動をやるようなつもりでいながらも、実際は本当にやる気はなく、単に妄想を描き、自己陶酔であったことがはっきりわかった」

これはそのまま安岡批判である。

〝白足袋の革命家〟

そのころ、凶作に見舞われた東北の農村では娘を身売りする家が続出し、その悲惨は極に達した。それに涙し、肥え太る財閥の横暴を怒って「二・二六事件」を起こし、天皇の名によって処刑された革新青年将校の磯部浅一らに師と仰がれた北一輝はその著『支那革命外史』の序に次のように書く。

「（明治維新の元老たちが）維新革命の心的体現者大西郷を群がり殺して以来、則ち明治十年以後の日本は、聊《いささ》かも革命の建設ではなく、復辟《ふくへき》の背進的逆転である。現代日本の何処に維新革命の魂と制度とを見ることが出来るか」

その北が「かつて太陽が西より出でざるがごとく、古今革命が上層階級より起れることなし」と喝破して、〝白足袋の革命家〟安岡正篤を、平泉澄《きよし》と同じく、口に維新や革命の言辞を弄《ろう》しつつ、伝統的国家主義の一翼に寄生し、その手先となる口舌の徒として激しい侮蔑の対象としたのである。

知行合一の陽明学の泰斗が「口舌の徒」とはかなりの皮肉だが、この北の論難の当否はともかく、たとえば安岡がリーダーとなって一九三二（昭和七）年に発足した国維会のメンバーは、確かに貴族的上層階級と官僚に限られ、大衆とは無縁のものだった。

安岡のような理屈派と北のような行動派があるのである。一度は安岡に学んだ四元義隆や池袋正釟郎も、明らかに北的になった。

一九三二（昭和七）年に元蔵相の井上準之助や三井財閥の團琢磨を暗殺した血盟団

の盟主、井上日召は、上申書にこんなことを書いている。

「私はかねて中国の郵便局に日本往きの郵便を投函させ、私が中国に居るよう偽装したので警視庁も最初はそう思いこんでいたのである。ではなぜ当局が事件の真相を摑んだかといえば、それは金鶏学院の安岡正篤が、時の警保局長に密告したからだ。事件には、もと彼の門下だった四元（義隆）や池袋（正釟郎）など数名が参画しているので、すぐに累の及ぶことを恐れた安岡は、あれは井上日召という者の仕業だ。井上さえ捕えれば片づくのだと当局へ通じた。これは当時、絶対秘密にされていたが、後日、私は警視庁の役人から聞いて知った」

これが事実かどうかはわからない。しかし、事件の直前まで金鶏学院の生徒だった四元や池袋が参加しているにもかかわらず、安岡に累が及ばなかったことは確かである。

四元義隆の二つの背反

井上によれば、池袋は血盟団に入るや、

「革命児に学士号の必要もあるまい、死んで戒名に書くでもないから」

と言って直ちに東京帝大を退学し、四元も卒業論文の筆を投じて、行動に加わった。

ただ、二人ともすぐには金鶏学院を飛び出さず、安岡に対しても反抗的態度はとらなかったが、池袋の病気入院中に井上日召と四元が金鶏学院の代表を殴るという事件が起き、二人は学院から去った。

「一人一殺」の血盟団で、四元がねらったのは内大臣の牧野伸顕だった。大久保利通《としみち》の次男であり、吉田茂の岳父である。選りに選って、その牧野を四元は殺そうとしたのである。小島直記は『一燈を提げた男たち』で、こう指摘する。

「つまり四元は、恩師（の自分）を捨てて井上日召の下に走るという背反に加えて、安岡の尊敬する人物を殺そうとしたという背反を重ねた。それは安岡にとって、許せぬことではなかったか。その気持は戦後消滅したであろうか」

四元を指南役とした中曽根康弘は、一方で安岡にも接触を求めた。しかし安岡は、何度求められても会わなかったという証言もある。中曽根の後に四元の影を見たからだろう。安岡にとって、四元義隆は思い出したくもない名前だった。

大平正芳と伊東正義

安岡正篤を師とした大平正芳に対し、女房役の伊東正義《まさよし》は四元義隆に傾倒した。この絶妙のコンビが安岡系と四元系で交錯するのである。

大平の急逝によって首相臨時代理を務めなければならなくなった時も、首相の椅子には一度も座らなかった伊東は、その後、リクルート事件で汚染された政界の救世主として首相に擬せられる。しかし、朝日新聞記者の若宮啓文の問いに答えて、

「本の表紙だけ替えても、中身が変わらなきゃしょうがない」

といって、それを蹴るのである。

おなじ宏池会でも、宮沢喜一と伊東の仲は決してよくなかった。宏池会には前尾繁三郎に近い人と大平をかつぐ人の流れがあり、宮沢は前尾系で、いうまでもなく伊東は大平直系。前尾から大平へ派閥が代替わりする時にかなり深刻な争いがあり、そのしこりはなかなか消えなかったからである。そんな因縁のある宮沢が伊東をこう「追想」している。

「何年かたって、総理大臣が何度も替わる世の中になって、総理大臣の名前を忘れてしまったなんていう笑い話がある中で、総理大臣にならなかった人、総理大臣を断った人の名前だけは、おそらく長いこと世間は忘れないだろうと思います」

そんな伊東が「本当の日本人」として挙げたのが四元義隆だった。『文藝春秋』の一九九一（平成三）年六月号で、伊東は「常に私情を交えず」と題して四元をこう礼

賛している。

「私が四元義隆さんと初めてお付き合いをしましたのは、戦後私が農林省の局長時代でありますので、いまから三十余年前であります。四元義隆さんとの話は常に国家の将来についての展望、或いは若い政治家を如何にして育てるかというお話ばかりであり、それ以外のことを話した記憶はありません。常に心から日本の将来を憂えて居られる心情がよく解かります。憂情溢《あふ》れるお話であります。

私が大平内閣の官房長官当時も大平総理の施政について事ある毎に御意見を承りましたが、常に心から国を憂えての御忠告でありました。外務大臣、党の政調会長、総務会長当時も時々席を設けては御招待いただき、国の行くべき途《みち》、その時々の政治についての御意見を承りました」

そして伊東は総理に推された時、四元が推薦の手紙をよこし、それに断りの返事をするのが一番心苦しかった、と述懐する。

安岡正篤について福田赳夫が「淋しくなると会いたくなる人」と評したという。しかし、安岡にしても四元にしても、そうした位置にいていい人なのだろうか。

私には、伊東が四元を敬愛する姿勢は伊東の弱さとして映る。伊東ほどの人間でも、上司の判断を仰ぐように相談してしまうのかと、官僚出身者の持つ弱さと重なって見えるのである。

「僕は、マスコミに出るのは昔から大嫌いだ。出たって何もしゃべらない。何もしゃべらないから僕の存在理由がある」

四元は『中央公論』の一九九五（平成七）年六月号で、こう言っているが、安岡と同じように晩年はよくマスコミに登場した。

中曽根内閣が六年も続いたのは後藤田正晴《ごとうだまさはる》と伊東正義が支えたからだ、という四元は、田中角栄を「私心の塊」として嫌い、福田赳夫を評価した。だから、福田総理実現のため奔走したが、「大平正芳とかが、田中を担いだりしたから」負けてしまった。大平については、田中と同種類の男だが、利口ではあった、とする。大平の腹心だった伊東はこれをどう聞いていたのだろう。

6　大蔵省と日銀

宏池会との宿縁

『小説経団連』（講談社文庫）の作者、秋元秀雄に「事実と小説の間」について尋ねたことがある。それに対し、秋元はこう語った。

「ぼくは実名で小説を書いてきて、一度もモデルとトラブルを起こしたことがないんだ。そのノウハウは、自分の知っている事実を六分か七分どまりにして書くことだよ。全部書くとトラブルが起きる。書かれた連中がギクッとして読んで、ああ、アレが出ていないと思って安心する。その程度にしておくのがいいんだ。しかし、知らないわけではない。知らないと七分通りも書けない。すべて承知で七分で止めるところに迫力が出る」

『小説経団連』の主人公の花村仁八郎《にはちろう》（経団連事務総長兼副会長を務めた）にも取材したが、いまは亡き花村も、

「あれはオレのやっていることの十分の一しか書いてないな。だから安心したよ。死んでも言えんことがたくさんあるんだ」

と、その事実性を肯定していた。それを頭において、秋元の「小説　太陽神戸銀行」（青樹社刊『財界が燃えた日』所収）の次の一節を読んでもらいたい。

池田勇人が総理大臣だった一九六三（昭和三八）年のある日に、大蔵次官から住宅公団副総裁を経て日本長期信用銀行副頭取に天下りしていた河野一之（後さくら銀行顧問）のところに池田から電話が入る。河野は出張でデュッセルドルフにいて、池田はそこのホテルへわざわざ電話をよこしたのだった。自らも大蔵省出身の池田は森永貞一郎をはじめ、大蔵官僚とのつながりが深い。恐縮する河野に池田はこう切り出した。

「河野君、突然の話ですまないが、坂口芳久君の亡くなったあとな……そう、日本相互の社長だ、君が引き受けてはくれないか。長銀の副頭取からでは、役不足とは思うが、いまみんな官邸に集まって相談しているんだが、君以外にないというんだ。どうだろうか、不満だろうけど……」

坂口は池田の後を継いで関東甲信越財務局長を務めた大蔵ＯＢだった。大蔵の格別の庇護の下、日本相互は業績を急伸させる。

突然のことで言葉のない河野に、池田は、

「即答はできないだろうが、なあ河野君、普銀に転換すればいいんだよ。いまは相互銀行だが、普通銀行に転換して……、そうすれば君、預金量の点からいっても日本相互は、即日、都市銀行になるよ、そのへんは銀行局長の石野に、すぐ法律を作らせるから……」

と続けた。

首相官邸に集まっているのは池田側近の大平正芳や宮沢喜一だろう、と河野は想像する。池田が石野信一に作らせた「金融機関の合併及び転換に関する法律」、いわゆる合転法によって日本相互は太陽銀行という普通銀行に転換し、そのトップの河野と、神戸銀行に天下った石野が手を組み、太陽神戸銀行を誕生させる。それに三井が加わって、さくら銀行となったが、太陽神戸を別名〝大蔵銀行〟といったのは、そうした経緯があるからである。

この「小説」には、河野が日本相互に行く時、

「よし日本相互を踏み台にして、俺は必ず長銀より大きい銀行のトップになって、宮崎たちを絶対に見返してやる」

と恨みをこめて腹心にもらす場面がある。

宮崎とは、当時専務で、その後、頭取になった宮崎一雄である。

そもそも長銀は、池田勇人がつくった銀行だった。そして池田は、勧業銀行での権力闘争に敗れた浜口巖根《いわね》を第二代頭取に据える。池田が大蔵省に入った時の蔵相が巖根の父親の浜口雄幸で、以来、池田と巖根とは昵懇《じっこん》だった。この時、巖根と共に長銀に移り、宮崎の後に頭取となったのが問題の杉浦敏介である。

『フライデー』一九九八(平成一〇)年九月一八日号に、〝退職金王〟杉浦と宮沢の「蜜月写真」が載った。

そこには、長銀が池田派＝宏池会の金庫というのは政界の常識であり、池田から前尾繁三郎、中に大平らをはさんで宮沢と続く宏池会と長銀は切っても切れない関係だ、と書いてある。

宮沢が首相だった一年一〇ヵ月の間の「首相動静」を見ただけでも、宮沢は長銀のドンの杉浦と一四回も料亭で会食したり、ゴルフをやったりしているとか。

こうした視点からみると、結局、長銀救済とは宏池会救済なのであり、一九九八年から二〇〇一年の宮沢蔵相はそのための欠くべからざる配役だということになる。

自民党の政調会長が池田勇人の女婿《じょせい》、行彦になったのも、いわば長銀シフトとみられてもしかたがないだろう。

一九八〇（昭和五五）年夏の経団連軽井沢セミナーで、当時、長銀の会長だった杉浦は、経団連会長の稲山嘉寛や昭和電工社長の鈴木治雄と同じ組でゴルフを楽しんでいる。

その有力財界人だった杉浦について、一九七七（昭和五二）年に時評社から出された『日本の経営者』は、次のようにチョーチンを掲げる。

「学生時代は、走り高跳びの選手をしていたほどで、根っからのスポーツマンタイプ、性格はきわめて明るい。このため人当たりがよく、気さくで、人づかいが上手なことでも定評がある」

早くから「長銀のプリンス」といわれて将来を嘱目《しょくもく》されていたというが、「頭が切れて人柄もよく、仕事熱心」な杉浦が、イ・アイ・イの高橋治則にのめりこんで長銀をダメにしておきながら、多額の退職金をもらっていたとは矛盾も甚だしい。「人柄もよく」は笑って他人に責任を転嫁したということなのだろう。

「杉浦頭取時代の長銀は「脱 〝産業重点〟を打ち出し社会開発の先兵として、福祉国家への先導役をめざして注目されて」いたらしい。それは「殿様商法といわれがちな長銀の体質にカツを入れるものであった」というのだが、表面的にはそうであっても、〝宏池会のサイフ〟という長銀の役割は変わらなかったのだろう。

政治家と公的資金投入

山一證券に勤めたことのある作家の水沢溪と対談して、日本興業銀行、日本長期信用銀行、そして日本債券信用銀行の、いわゆる興長銀三行が発行する「割引債」、もしくは「割り債」を、政治家がどう利用しているかについて聞いて、なるほどと寒心したことがある。

水沢はこう言った。

「『割り債』の九割は証券会社が販売しているが、証券会社で買うと預り証が出されるので、誰が買ったか分かってしまう。三行の本店、支店で直接購入して『券面』(正しくは株券・債券などの表面のことだが、業界では有価証券そのものを指す。ここでは割り債のこと)をもらって金庫に入れておけば一切名前は出ない。アングラのまま金を残せるのです」(『週刊金曜日』一九九八〈平成一〇〉年三月二七日号)。

それで私が、

「金丸信(元副総理)が日債銀の『ワリシン』を大量に買って、脱税していましたね。あの手法ですか?」

と尋ねると、水沢は、

「その通りです。割り債は、たとえば一万円額面の券面を九九〇〇円で買い、一年後に一万円になる。本店・支店では『計算書』をくれるので、券面が火事で焼けても『計算書』があれば金は戻る。バレないし安全なのです。

だから、あれだけ経営危機が伝えられている日債銀もつぶせない。日債銀は預金を集める銀行ではなく、『ワリシン』などの金融債を発行して資金を集め、いろいろなところに貸しているわけですが、政治家たちはアングラマネーの秘密を守るためにつぶすわけにはいかないのです」

と答えた。思わず私は、

「三〇兆円公的資金投入問題で自民党から『金融債まで保護せよ』という声が出て、そうなったが、つまり、本音《ほんね》はそういうことなのですか。これも、とんでもない話だな」

と声を高くしたが、日債銀をつぶせないなら、もっと規模が大きく、それだけに多くの政治家がアングラマネーを隠している可能性の高い長銀は、なおのことつぶすわけにはいかない。

日銀総裁や金融監督庁長官まで使って、長銀は「債務超過ではない」と言わせ、住友信託銀行との合併を急がせたのも、結局は政治家救済のためなのだろう。

こう考えると、すべてがよくわかってくるし、しかし、だから抜本的解決策にはならず、世界が日本に不信の眼を向けつづけるのだなということが納得できる。

国際的な影響なども云々するが、では、山一證券を「自主廃業」という名の倒産に追い込み、長銀はあくまでも公的資金を投入しつづけて助けるという判断基準は何なのか。

国際的影響を言うなら、山一も助けなければならなかっただろう。どうして長銀だけ助けるのか。

それは政治家が隠し金の隠し場所としているからだ、としか考えられない。

これを邪推と言うなら、長銀は徹底的に情報開示をすることだ。それもせずに、公的資金という名の税金を大量に注ぎ込むことが許されるはずがない。

それでは〝税金ドロボー〟と言われても反駁《はんばく》できないだろう。

そんな長銀に巣くって、長銀を食いものにしてきたのは政治家だけではない。バブルの寵児のイ・アイ・イの高橋治則を強くサポートし、長銀を破綻させる元凶となったのは元頭取の杉浦敏介である。

杉浦が長銀の頭取になったのは一九七一（昭和四六）年。以来、会長、取締役相談役を経て九二年に取締役を退いても、実力者として長銀に君臨していたといわれる。

その杉浦が退職金を二五億円もらったという話が九七（平成九）年から流れた。

長銀側は必死にそれを否定してきたが、九八年八月一九日付の日刊ゲンダイが「やっぱり」そうだったと報じている。

自民党の国会対策委員が大蔵省と金融監督庁の役人を呼んで九八年八月一二日に開いた勉強会の席でのやり取りだ。

この席で委員の平沢勝栄が、

「長銀の杉浦元頭取の退職金は巷間《こうかん》、二五億円といわれているが……」

と切り出すと、監督庁の役人が、

「だいたい、その通りでございます」

と肯定と受け取れる答えをしたという。

長銀本体からは一〇億円程だが、複数の子会社の退職金を合算すると、公表された九億七〇〇〇万円ではとても収まらないというのが平沢らの見方だ。

長銀については負の功績しかない杉浦がそれを悠々と懐《ふところ》に入れられるのは、まったくその罪の自覚がないからに違いない。

「本人は今でも十億円はくだらないという白亜の豪邸にノーノーと住んでいるのです。今年（九八年）三月に特別顧問を退任してからも、特別注文のベンツで長銀に通っていたともいわれる。長銀には今年三月、国民の税金一七〇〇億円がすでにつぎ込まれている。ヘタをすれば、これが回り回って杉浦の報酬になっているともいえる」

日刊ゲンダイで「事情通」がこう語っている。

そんな杉浦をチェックできなかったのは、長銀を含む銀行業界から自民党に政治献金という太いパイプが通っていたからだと言えるだろう。

たとえば長銀の場合、三年間で一億円の献金をしている。これはまさにワイロではないか。

この献金をスッパリとやめない限り、自民党が出してくるどんな金融改革法案も「預金者保護」ではなく「銀行救済」だと色眼鏡で見られるのは致し方あるまい。

一九九八(平成一〇)年二月に発行された東洋経済新報社の『会社四季報　学生就職版'99』によれば、長銀のモットーは「知恵」と「行動力」の事業金融銀行であり、採用担当者は「一人一人が長銀を動かしていると実感できる銀行です」などと言っている。こんな子ども(学生)だましの情報と同じ程度の情報で政府与党は長銀に税金を注入し、自分たちだけを救おうとしている。

7　経団連の落日

木川田一隆の精神

一九七〇（昭和四五）年一一月二五日午後零時一五分、三島由紀夫が自衛隊の決起を叫んで割腹自殺した時、そのニュースを聞いた東京電力社長（当時）の木川田一隆は、取締役総務部長の平岩外四を呼んだ。

そして、その日の予定をすべてキャンセルさせ、「これは、これからの日本にとってどういう意味をもつのか」を話し合った。

そのころ、平岩が「川端康成、安部公房と並んで戦後日本の代表的作家三人に入る」と思っていた三島が、どうして、ああいう行動に走ったのか。沈痛な思いで、二人は語り合ったのである。

話に区切りをつけた時は、もう窓の外は暗くなっていた。

この三島の自殺を契機に、右翼と左翼の蠢動《しゅんどう》が昂《たか》まり、翌七一年春、赤軍派が財界首脳を襲うという情報が流れる。

それで、警視庁が当時の経団連会長・植村甲午郎、日本商工会議所会頭の永野重雄、日経連代表常任理事の桜田武、そして経済同友会代表幹事だった木川田の身辺警護に当たった時、木川田は、

「植村が左翼からねらわれるのはわかるが、私の場合は右翼からではないのかね」

と笑いとばしたといわれる。

この自負の通り、木川田は戦闘的自由主義者だった河合栄治郎を慕って東大に入り、師譲りのその理想主義を企業活動や財界活動の中で貫き通した。

それについて、木川田の秘蔵っ子といわれた平岩は、

「木川田さんは理想主義者であると同時に、大変な現実主義者でした」

と語る。理想を理想に終わらせず、現実の場でそれを実現しようとしたという意味でもあろうが、その実行力を木川田は、もう一人の師、松永安左ヱ門から受け継いだ。

七代目の経団連会長となった平岩が何を為《な》そうとしていたかを見るためにも、平岩が最も影響を受けたと思われる木川田の事績をいましばらく追ってみよう。

松永門下の逸材といわれた木川田は、「電力の鬼」と呼ばれた松永の参謀として電力再編に奔走した。

その松永は一九七一（昭和四六）年六月一六日、九五歳で大往生を遂げたが、松永の葬儀に中日友好協会名誉会長の郭沫若《かくまつじゃく》が長い弔電をよこす。若い頃《ころ》、日本に亡命してきた郭を、松永がかくまってやった恩義に感じてである。

それに対して木川田は自ら筆をとって礼状を書いた。リベラルな木川田は、共産主義の中国に何の偏見も持たず、むしろ、できるだけ早く国交を回復した方がいい、と思っていた。

そんな思いを込めて書いた礼状に、郭は、

「中国と日本のあいだには、長く不幸な時代がありましたが、もしあなたに、そのお気持ちがあるなら、中国各地を旅行してみませんか。そしてお互いに語り合ってみたいとも思います」

という手紙をよこした。

この手紙は、台湾から中国へ乗り換えようとしていた財界人たちに絶好の口実を与える。次々と名乗り出る厚かましい便乗組によって、肝心の木川田は顧問にされ、その年の一一月、東海林《しょうじ》武雄を団長とする「東京経済人訪中団」は出発した。

しかし、右翼は誰が中心人物であるかを見誤らず、木川田の家に爆竹が投げ込まれる。それでも木川田は泰然としていたという。

喜劇的な人事

「木川田さんは、そうしたことには全然驚きませんでしたね。また、あることを自分がやったとは言いたがらない人でした。いろいろと手を打ったことでも、後でわかる。私も、どちらかというと、それを受け継いでいます。自分がやったとかは言いたくないですね」

平岩はこう語るが、問題は平岩に木川田のような、ある種の〝腕力〟があるかどうかだろう。

たとえば木川田は、一九七四（昭和四九）年夏に「たとえ自民党がつぶれても、電力会社はつぶすわけにはいかん」と言い切って、企業としての政治献金を廃止している。

この年の六月、東京電力は一三年ぶりに電気料金の値上げをしたのだが、参議院議員の市川房枝が、政治献金は違法という民事訴訟を起こそうとし、献金反対にからんだ「電気代一円不払い運動」が広がり始めたこともあって、当時会長となっていた木川田は考えに考えた末、政治献金を廃止することにし、社長の水野久男と、常務だった平岩を呼んだ。

そして、自分の考えを話した後、

「これは役員会で決めて、会社の決断としてください」

と言った。あまりの決断の早さと大胆さに水野も平岩も愕然としたが、その時のことを振り返りながら、平岩はこう語る。

「木川田さんは単なる理想主義者ではありません。当時、アメリカではそうした市民運動が活発で、三分の一が不払いという州も出ていました。それで、このままほうっておいたら、日本も大変なことになると思ったんでしょう。しかし、やめた後、どうなるか。熟慮して決めたんだと思います。理念としては極めていいことでも、ナマナマしい現実の場でそれをどう生かすか、木川田さんは常に考えていましたね」

自民党はもちろん、財界の多数からも反発を買った献金廃止を断行した木川田の〝蛮勇〟を平岩は受け継いでいたか。その後の副会長人事などで判断する限り、クエスチョン・マークがつく。

一九八六（昭和六一）年春に斎藤英四郎が第六代経団連会長になる時、「四四戦争」ということがいわれた。斎藤英四郎か、平岩外四かで、そう呼ばれたのである。

そもそも、八〇年春に稲山嘉寛が五代目の経団連会長になって、同じ新日鉄出身の斎藤英四郎を副会長にした時に「鉄から二人とは」と大きな批判が巻き起こった。

それにもかかわらず、稲山はその人事を強行し、あまつさえ、六年後に今度は斎藤を会長に推したのである。

この時、平岩は自ら辞退したといわれるが、まさに平岩は「出したい人」であり、斎藤は「出たい人」だった。稲山が平岩に、「斎藤君が短くていいからやらせてほしいといっている」と言ったという証言もある。しかし、これは、経団連はもちろん、斎藤にとっても悲劇的な人事だった。いや、喜劇的な人事と言った方がいいかもしれない。

斎藤会長下で、磯田《いそだ》一郎（住友銀行会長）をはじめ、永山時雄（昭和シェル石油会長）、八尋俊邦《やひろとしくに》（三井物産会長）等の「出たい人」が副会長となり、経団連は彼らによってマージャンにゴルフの〝お遊戯の場〟と化していく。

経団連のある職員が言ったように、斎藤こそは絶対に会長にしてはならない人だった。斎藤英四郎は経団連を、およそ救いようがないまでに地盤沈下させたのである。

斎藤はリクルート事件に対しても、最初は何のコメントも出せず、江副浩正や真藤《しんとう》恒《ひさし》が逮捕されてあわてて、

「政治家と経済人は違う。（株をもらっても）経済人には与えるものがない」

などと見当違いのことを言って、自民党からねじこまれた。

大体、就任まもない一九八六（昭和六一）年六月二〇日、衆議院選挙の公示前日に、当時の日経連会長・大槻文平、日商会頭の五島昇、そして経済同友会代表幹事の石原俊と語らって集まり、「どうすれば自民党を勝たせられるか」を相談し合ったりしているから、自民党にナメられてしまうのである。

息子のような自民党幹事長の小沢一郎に、八九（平成元）年秋、三〇〇億円ともいわれる献金を〝強奪〟されることになるのも、斎藤が拠《よ》るべき哲学、政治に打ち返すべき経済の論理をまったくもっていないからだった。

自由主義の信奉者・石坂泰三

歴代の経団連会長の中でも際立《きわだ》った存在であり、〝ミスター経団連〟ともいうべき石坂は晩年に出した『働くこと楽しむこと』の中で、「女房の不作は、六十年の不作といわれる。この意味において、ぼくは六十年の豊作にめぐまれたものと手放しで信じているが、その甘さを笑う人は笑ってくれていい。笑われれば笑われるほど、生きているうちにいたわってやれなかった彼女へのいたわりとなろう」と言っている。

「その甘さを笑う人は笑ってくれていい」とは、何とも実にいいが、この「甘さ」がやはり、石坂泰三の真骨頂だったのだろう。「甘さ」はすなわちロマンであり、斎藤英四郎とそのお仲間たちには、石坂のような、自由主義に徹するといった「甘さ」がなかった。つまり、詩《うた》がない。

「本当に信じられないほど女性関係はゼロ」で、「ロマンチストの典型のような男」と息子に言われた石坂は、スコットランドを訪れた時、招待してくれたイギリスの経営者と一緒に月夜の散歩に出た。

異国の夜の美しい月。石坂はいささかならず感傷的になって、スコットの「湖上の美人」の一節を原語で吟じた。学生時代に憶《おぼ》えたものが、つい口をついて出たのである。

同行していたイギリス人はそれを聞いて、とびあがらんばかりに驚いた。イギリス人でも諳《そら》んじている人は少ないのに、オリエントの、しかも経営者が朗々と吟じるなんて、ほとんど信じられないことだった。

少しく得意になった石坂は、のちに、評論家の武石和風に、

「いま考えてみるとね、彼が驚くのも当たり前だと思うよ。こちらが外人を地方に案内したら、その外人がその地にゆかりの謡曲、民謡をうなり出すようなものだから」

と語ったという。

こうした詩心《うたごころ》は付け焼き刃では決して出てこない。胸に永遠の理想を抱く人間で

なければ湧いてこないものであり、ふさわしくないのである。

そんな石坂は官僚と政治家には嫌悪感に近いものを持ち、とくに「政商」を嫌っていた。

「経済が政治に追従するのでは、大きな飛躍は望めない。政治に並行しながら、これに政策面で優先することが経営者の任務ではないだろうか。政治に圧力をかけるのとは違い、政治的理念と経済的理念とが一つの接点で結びつきながら、それを無限的に自己限定しながら進むのが望ましいのではなかろうか」

これが石坂の、政治に対する基本的なスタンスだった。

平岩外四と『ユリシーズ』

平岩が経団連会長となって、石坂以来とだえていた詩のわかる会長が誕生した。文学を語って違和感のない人と、マージャンしか似合わない人を同列に論じることはできない。

私は斎藤辞任の感想を求められて、『週刊朝日』一九九〇（平成二）年一二月七日号に、

「マージャンじじい、といわれたように、一人ではなにもできない人だった。見識が

ないの一言。リーダーシップなんてなにも発揮しなかった。でも、もう経団連なんて、その程度のものになってしまった。何があったにしろ、早く辞められてよかったとしかいいようがありませんね」

というコメントを寄せ、きびしすぎるとか言われたが、もともと、なるべきではなかった人がなったのだから、致し方がない。

評価に困る斎藤とは違って、平岩は少なくとも基準以上の人である。

平岩は、日米摩擦の問題でアメリカへ行って向こうの学者たちと会った時、そこが図書館だったので、ふと思いついてこんな話をした。

自分はジョイスの『ユリシーズ』が好きで、その決定版がニューヨークの出版社から出たことを知り、買おうと思ったが、いくら頼んでも取り寄せられない。それで、ニューヨークにいる友人に頼んで、やっと手に入れた。本国のイギリスでさえも出さない『ユリシーズ』をアメリカが出すことには敬意を表するが、そんなにいいものを出しながら、簡単にそれを買えないところにアメリカの問題があるのではないか。

平岩がそう話すと、向こうはみんな絶句して、平岩をまじまじと見た。

その場にいた城山三郎は、以後、向こうの態度は明らかに変わったと証言しているが、石坂泰三がイギリスの経営者を驚かせたように、教養の厚さと深さがやはり、人間と人間の交渉では影響するのである。

平岩は、エースを出し渋って三線級の投手を出し、メッタ打ちされた後の荒れたマウンドに立って投げなければならなかったわけだが、ここで華やかな時代もあった経団連の歩みをふりかえってみよう。

財界の総本山といわれる経団連こと経済団体連合会は、敗戦の翌年の一九四六（昭和二一）年八月一六日に創立総会を開き、「交通・産業・金融・中小商工業・貿易・地域経済等経済各部門にわたり、経済界全般に関連する問題の研究・自己的調整を行ない、その総意を代表する総合経済団体」（『経済団体連合会三十年史』）としてスタートした。代表理事は石川一郎。東大工学部の助教授から転じて父親の経営する関東酸曹《さんそう》（のちの日産化学）に入り、社長となった人物だった。当初は正副会長は置かず、のちに会長となる植村甲午郎が事務局長をつとめている。

二年後の四八年に三井銀行の佐藤喜一郎が副会長になり、四九年から大阪商工会議所会頭の杉道助も加わって、副会長は二人となった。五二年にはそれが五人となる。新たに副会長に就任したのは、富士紡績会長の堀文平、八幡製鉄社長で鉄鋼連盟会長の渡辺義介、そして植村甲午郎の三人だ。

関西代表と鉄に繊維の代表である。

この構図は五六年に石坂泰三が経団連会長になっても変わらず、渡辺義介が逝去《せいきょ》して小島新一（八幡製鉄社長）にバトンタッチされるといった人物の交代はあっても、六八年五月に石坂が退任するまでそのまま続いた。

石坂は歴代会長では断然トップの一二年間、会長をつとめ、経団連の性格をほぼ決めたのである。

一九六八（昭和四三）年に植村甲午郎が会長に就任した時、住友化学の土井正治と丸紅の市川忍が留任したほかは、副会長が一新され、人数も二人ふえて七人となった。

新任の副会長は東芝の土光敏夫、三菱重工の河野文彦《こうのふみひこ》、八幡製鉄の稲山嘉寛、富士銀行の岩佐凱実《よしざね》、そして事務総長の堀越禎三である。三井、三菱、住友、旧安田（芙蓉《ふよう》）といったグループの代表と鉄、重電、金融等の主要企業の代表の兼ね合いを考慮しながら、副会長人事は決められた。市川忍は大商会頭としての副会長である。

植村会長の末期に、日産自動車の川又克二が加わって、副会長は八人となった。副会長はだんだんふえて、一二人となったが、この変遷《へんせん》に産業の変遷がオーバーラップされる。メーカー主導で、会長は金融等からは出さないといった不文律がある経団連に、たとえば商社の代表やスーパーの代表が副会長等の要職に就く日が来るとは、当初、想像もできなかった。

のちに、ダイエー会長兼社長の中内㓛が副会長になったが、そのわずか一〇年前の一九八〇（昭和五五）年六月にも当時の経団連会長・稲山嘉寛が、

「いまは設備投資ブームだが、増えているのはスーパーなどサービス産業、第三次産業ばかり。これらの投資は注文（消費）を奪い合うための過剰投資であって国全体の利益にはならない」

と発言するありさまで、この時、中内は、

「スーパーみたいな第三次産業とはけしからん。時代の変化についていけない人が、産業界を大局的にまとめる経団連のトップになっているのはまことに残念である」

と猛反発した。

たしかに、〝経団連不況〟というコトバもある。時代とズレた企業のトップが会長や副会長になっている経団連では、自分のところの企業や産業の景気が少しでも悪くなると、すぐに政府に景気対策を要望する。しかし、それは他の多くの産業の不況感とは食い違うのであり、そうした局所的不況を皮肉って、〝経団連不況〟というのである。

民僚・花村仁八郎

話を副会長人事に戻そう。

一九七四（昭和四九）年に植村甲午郎からバトンを受けて土光敏夫が会長となり、稲山、岩佐、川又の他に、新たに東レの安居喜造、近鉄の佐伯勇、三菱鉱業セメントの大槻文平、住友化学の長谷川周重《のりしげ》が副会長に就任した。事務総長は七五年から花村仁八郎。

「経団連事務局は花村色の強い花村商会だ」と、ある職員に言わしめるほど、花村は経団連を語る時には欠かせない人物なのだが、その花村の事務総長就任が土光の会長就任と一年ズレたのは、土光がそのポストに通産事務次官経験者の松尾金蔵か両角良彦《もろずみ》を持って来ようとして、事務局から総スカンを食うという経緯があったからだった。

官僚統制に対する自由経済の総本山として経団連事務局は自分たちを位置づけており、そのために彼らは民僚と呼ばれる。そのトップに官僚ＯＢを持ってくるとは何事か。

花村を主人公にした秋元秀雄の『小説経団連』（講談社文庫）には、この輸入人事構想に花村たちが眉《まゆ》を吊《つ》り上げ、早朝のホテルで、土光とのにらみあいがあった、と書いてある。

それについて尋ねると、花村は、

「いや、対立などなかったんですよ。スタッフが育ちましたから、ヨソから持って来なくとも、とは言いましたがね」

と弁明した。

松本清張は植村甲午郎をモデルにして『深層海流』を書き、秋元は花村にスポットを当てて実名小説を書いた。植村、花村ともに経団連の事務総長（植村はのちに会長）で、政財界をつなぐキー・パーソンである。

花村はのちに中曽根康弘の推薦によって日本航空の会長となるが、それは「財界の政治献金部長」として、自民党への献金を一手に取り仕切ってきたことに対する〝論功行賞〟のようなものであった。

「経団連外史」と副題された花村の『政財界パイプ役半生記』（東京新聞出版局）には、さまざまな「秘話」が書かれている。

たとえば、「花村リスト」と呼ばれた献金の割り振り表は、基本的には会社の資本金、自己資本、利益、当面の利益予想などを基準に三〇から四〇に細かく分類したリストを参考にしたと言い、「昭和四十年代半ばまでは鉄、電力、銀行、自動車、家電のいわゆる〝五家〟が献金額全体の約半分を引き受けて」きた。しかし、その後、電力が献金を中止したので、〝四家〟で年間一五〇億円ぐらいを出している。

「保革逆転」の可能性が取り沙汰《ざた》された一九七四（昭和四九）年夏の参院選では、約一〇〇億円を選挙用として献金したが、当時の自民党総裁・田中角栄から花村に直接、「とても足りない。もっと増額してほしい」という電話があり、一六〇億円を追加した。合計二六〇億円。花村の言う如く、これは「かなりの額」だった。

政治献金一六億円の怪

この献金仲介をめぐって、花村は土光にとまどわされたことがある。土光は経団連会長に就任すると、折から「企業ぐるみ選挙」で財界が非難されていたこともあって、「大企業への献金割り当て作業を今後一切、経団連はやらない」と言い出した。これまでもそれは「一部の人」がやっていたことだと花村を批判する発言を繰り返したのである。

「政治にカネがかかるのはわかるが、カネを使いすぎると民主主義がスポイルされる」と正論を述べる土光に、敢《あ》えて〝汚れ役〟を果たしてきた花村は鼻白んだ。

ところが……。

『小説経団連』から、作者の秋元はもちろん、モデルの花村もその「事実」を否定しなかったある場所を引こう。

三木武夫内閣下の一九七四（昭和四九）年一二月の某日、自民党幹事長だった中曽根康弘と財務委員長の小坂善太郎が、参議院議員で元新日鉄副社長の、と言うより〝財界の政治部長〟といわれた藤井丙午に相談を持ちかけた。そして、年末までにどうしても一六億円いるんです、と言われた藤井は、その場で土光に電話をかけ、小坂を含めた三人で土光を訪ねる。

三人の訪問を受けると、土光は花村を呼び、「経団連は、政治献金からいっさい手を引く」と言っていたことなどまったく忘れたかのように、

「花村君……、党の越年資金のことなんだが、どうしても十六億円要るんだ。……藤井さんまで一緒にこられているし、このカネはなんとか調達しないとね、ぼくは政治献金のほうは、よくわからないからきみが、按配《あんばい》してくれ」

と言う。

花村は自分の耳を疑うほどビックリしたが、驚いてばかりもいられない。この後、

急いで藤井と相談し、藤井が新日鉄会長で経団連副会長の稲山嘉寛に頼んで四億円出させ、残りの一二億円は花村が、当時の六大商社に二億円ずつ割り当てた。六大商社への割り当ては、三菱商事の会長だった藤野忠次郎がやったとも言われる、と秋元は書いている。

まことにナマナマしいカネの動きだが、これについて秋元は、

「そこから先は書いていない。たとえば花村が額を決めて企業に通告して、それを払わせるためにどういう圧力をかけたかとか、藤井が稲山と具体的にどんな話をしたかは書いていないんだ」

と私に語った。

もうひとつ言えば、この一六億円の醵出《きょしゅつ》に応じた経団連の側には、当時、三木が進めていた独禁法の改正強化をつぶすという〝目的〟があったのである。

私が花村に会った時、花村は小説に書かれていない〝献金秘話〟を明かした。

それは、木川田一隆の唱導によって東京電力が献金廃止を決めた時のこと。消費者団体の一円預金運動によって一〇〇〇人ほど店頭に並ばれた富士銀行の佐々木邦彦は、銀行も献金をやめる、と言い出した。

それに対して花村は、

「佐々木クン、そんなに何日も並ばんよ。献金をやめると言うけど、社会主義になったら銀行は要らないんだからね」

とズバリと踏み込んだ。

歴代の経団連会長を振り返りながら、花村は「歴史は必要な人間を必要な時に登場させる」と語った。シュトルム・ウント・ドラング、つまり疾風怒濤《どとう》の時代には怒号（土光）老人、積極的な政策だけではダメになった時には「我慢の哲学」の稲山嘉寛という具合に。

そして、日本経済の拡大とともに経団連は強くなってきた、と花村は自負したのだが、経団連のこれからについて、作者の秋元とモデルの花村の意見はまったく対立した。

秋元は「経団連の使命は終わった」とし、手きびしく、こう批判したのである。

「総資本の意思を代弁すると言っても、いまは商と工の利害を調整できない。だから、欧米のように経団連も商と工に分離し、あとは業界団体として、大中小の企業間の調整を図ればいい。日米繊維戦争以来、経団連は摩擦の調整能力を失っているのだから、もう解体すべきだ。なまじ、総資本を代表しているという建て前をつくっておくと、政治が判断をまちがう」

一九七七（昭和五二）年に『小説経団連』を出した時はそんなつもりはなかったが、あれは経団連への挽歌《ばんか》だったかもしれない、と秋元は付け加えた。

問われる存在意義

工も商もゴッタにして拡《ひろ》げたために、存在意義が不分明になったという批判は経営者の間からも出ている。

東レの伊藤昌壽《よしかず》などとともに「財テク邪道説」を主張した東ソーの山口敏明が一九八六（昭和六一）年秋に打ち上げた「工業連盟」設立構想は、そのために少なからぬ反響を呼んだ。

「戦後の日本経済が四〇年余にわたってズーッと成長・発展を遂げてきたその担い手は明らかにわれわれ経営者だと思う。誰が何と言おうと、日本の経営者というのは勤勉であり、誠実であり、廉潔《れんけつ》であり、しかも有能です」

こういう認識に立って、基幹的な製造業を支える新しいキャプテン・オブ・インダストリー像の創造を説く山口に、日本の経営者は勤勉で誠実で廉潔だと言うけれども、そうでない経営者や「消えない老兵」もたくさんいるではないかと反論すると、山口は悪びれずに、こう言葉を継いだ。

「まあ、そのへんにも消えてもらおうということも『工業連盟』の構想の中にあるわけです。いまの経団連とかその他の既存の経済団体で、老害ばかりまきちらしている人たちは早く交代する必要がある」

バブル経済を推進するような融資をやっていた住友銀行の磯田一郎や、湾岸危機に便乗して即座に値上げを発表した昭和シェル石油の永山時雄など、およそ公正さとは縁遠い人間が斎藤経団連下の副会長として名を列ねていた。

土地税制の問題でも斎藤が先頭に立って反対し、自らの痛みをともなった改革で地価の引き下げをやるといった姿勢は見せなかった。

これでは経団連が「挽歌」ならぬ「讃歌《さんか》」を奏《かな》でられるはずがない。

とりわけひどかったのは、一九九〇（平成二）年五月に、新日鉄の武田豊から齋藤裕へ、トヨタ自動車の豊田英二から豊田章一郎へ、そして、三菱重工の金森政雄から飯田庸太郎へと、副会長のポストを〝企業世襲〟したことである。自らがその〝企業世襲〟で会長になった斎藤英四郎のやることだから、いまさら驚きはしなかったが、呆《あき》れて二の句がつげなかった。

この人事を見ても、斎藤に経団連のゆくえに対する危機意識はまったくなかったといっていい。

さて、平岩はどうか。バブル経済と無縁とは言えないダイエーの中内㓛や野村證券の田淵節也が副会長となったのを見ると、大きな期待は抱けないなという気もした。

下馬評では、五七歳の富士ゼロックス社長・小林陽太郎も挙がっていたというが、閉鎖的な日本企業を社会、および世界に開こうとしているこうした清新な経営者を副会長といった要職に就けられないようでは、経団連も変わらないだろう。

その役職によって勲章をもらうための老人のサロンから、平岩経団連は脱却しようとするのだろうか。師の木川田一隆が発揮した理念を貫く腕力を平岩も持ってほしい。

武富士を入れた経団連

日本経団連のビルと日本経済新聞社のビルは上のほうでつながっていた。『日経』が「日本株式会社」の〝社内報〟であることを、これは物理的に証明しているが、武富士被害対策全国会議編『武富士の闇を暴く』（同時代社）を読んで、『日経』はそこまで批判精神をなくしているのか、と改めて思った。

同社傘下の『日経ビジネス』誌は二〇〇二（平成一四）年八月二六日号の特集「武富士〝狂気の経営〟」で、会長の武井保雄を「もう一人の渋沢栄一」と持ち上げ、渋沢を知る人間が聞いたら仰天するようなことを書き散らしたという。渋沢は日本で初めて銀行をつくった人間であり、その第一銀行は後に日本勧業銀行と合併して第一勧業銀行となった。そして現在は「みずほ銀行となって、足元をふらつかせながら迷走している。同じ金融業界にあって、銀行と消費者金融の明暗は、残酷なまでにくっきりと分かれる」として、「武富士と消費者金融の実像に迫りながら、強さの秘密と、金融界に与える衝撃を検証」したのだとか。もちろん、略称DKBをもじってデクノボー銀行とヤユされた第一勧銀をはじめとする銀行にも問題は大いにあるが、これでは、武富士の方がまともだと言っているようなものではないか。ここにも「強さの秘密」だけを追って、その体質を問わない『日経』の〝社内報〟的特徴がよく出ている。

しかし、残念ながら、『日経』ばかりを責められない。その実態を知らずして武富士からカネを借りる人の半数近くが、テレビやラジオのコマーシャルによってその気になったと言っているからである。

親族への請求など違法取り立てをやっている武富士に対し、二〇〇二（平成一四）年秋に「武富士被害対策全国会議」が結成され、関東財務局に行政処分の申し立てを行ったが、そのころ、武富士、アコム、プロミスが日本経団連に加盟する動きを見せたため、十分な調査の上にしてほしいと申し入れをしたという。

それに対する日本経団連の回答はこうだった。

「(東京証券取引所)一部上場していれば、基準に合致しており、加盟申請を認める。加入の際には企業行動憲章を遵守する旨の誓約書を出してもらい、トラブルが発生した場合には、処分を行う」

このように加盟させて、いろいろな企業がいろいろな「トラブル」を発生させてきた。それで私はブラック・ジョークにしかならないと、この企業行動憲章を、あるコラムに全文引用したことがあるが、会長会社のトヨタ自動車をはじめ、加盟企業はほとんど武富士並みの問題企業だということだろう。

武富士は「東京証券取引所第一部及びロンドン証券取引所に上場している我が国有数の企業にして最大の消費者金融会社」と『会社概要』に書いているという。その加盟が認められたのは「底なしの不況に経団連も懐事情が困って、羽振りのいいサラ金業界を仲間に入れることにした」(前掲書)ということである。

武富士を上場させた野村證券と大蔵省

「その件については会社の方針でお答えできません。ご勘弁ください」

武富士をなぜ上場させたのか、問題はなかったのかを尋ねる私に野村證券の広報部員はこう繰り返した。

それを聞きながら、野村證券はまったく変わっていないんだなと思った。アル・アレツハウザー著『ザ・ハウス・オブ・ノムラ』（新潮社）の監訳者として、私は一時、同社から仇敵視された。

しかし、同社が原著者を訴えていたころに、野村證券がトヨタ自動車や松下電器産業といった大口法人顧客や、暴力団の稲川会会長だった石井進らには、損をさせないよう損失補塡や便宜供与をしていたことが発覚し、こうした不祥事の責任を取る形で、当時の社長の田淵義久と会長の田淵節也が退任する。

そして、イメージ・チェンジのために、田淵節也と同期で良識的な国際派と言われた相田雪雄が会長に担ぎ出されたのである。相田は広報部員が驚くのも構わず、私と対談し、積極的に同社の体質改善を図った。

その対談は『潮』の一九九二（平成四）年六月号に掲載されているが、まず相田は、

「これは少しまずい、という思いがしてましたよ」

と頭を下げながら、いわゆる証券スキャンダルについて三つのポイントを挙げた。

「一つはいまご指摘の損失補てん。二つ目は、大量推奨販売の部分。これは、法律の違反にはならなかったけれども、ひじょうな社会的批判を受けている。三つ目はどうしようもないことで、いわゆるアンダーグラウンドのマネーにかんだのではなかろうかと言われたことです。これは『なかろうか』と言われただけでもうだめだと思うんですよ。動機はともかく、結果においてアングラとの接点があったわけですから。そして、その動機が二つ目に挙げた大量推奨販売です。これは昔からあった、いちばん能率のいい商売の仕方です」「エフィシェンシー（能率）を追求していくとああなっちゃうの。本来証券の商売というのはもっと手間暇をかけなきゃいけないと思うんだな。そこを忘れちゃったんですね」

まさにこれは正論だが、のどもと過ぎればなんとやらで、同社に対する批判の風がおさまったと見るや、相田を退け、二人の田淵が取締役に復帰する。小池隆一という総会屋の事件で社長の酒巻英雄が逮捕されるのはその後だが、結局、野村證券は〝本来〟の汚い商売に戻ったと言わざるを得ない。

そして、武富士を上場させてしまったのである。

野村證券も、闇の世界とつながりのない企業の上場に対しては非常に厳しい態度をとる。居丈高に上場させてやるといった感じで、問題があれば上場させないのだが、武富士に対してはノーチェックである。

ある記者が、日本のヤクザは株をやるが、アメリカのマフィアはやらない、と言っていた。アメリカにはSEC（証券取引委員会）という証券市場のコワイ監視役がおり、インサイダー取引などをビシビシ取り締まるので、マフィアも容易に手を出せない。ところが日本では、先述した野村證券と稲川会のドンとの関係で明らかなように、ヤクザが必ず儲かると信じて、株に手を出す。

これにはもちろん大蔵省（現財務省）の責任も大きい。俗に大蔵省は〝野村證券霞が関出張所〟と言われてきた。それほどに野村の言うがままに証券行政をやってきたということである。その見返りが〝天下り〟だった。

世に言う「サラ金地獄」をなくすための貸金業規制法案は一九八二（昭和五七）年夏に国会で審議された。前掲の『武富士の闇を暴く』に、参議院大蔵委員会での公明党議員の質問と当時の大蔵省銀行局長宮本保孝の答弁が引いてある。

「貸金業におきまして、一部の悪徳業者はその常套手段といたしまして、法の裏を巧妙に逃れて悪徳を働くというところに問題が多いわけでございます。この点行政当局の厳しい監督、指導を望みたいわけでございますが、どのようなお考えでおられますか」

という問いかけに、宮本は、

「この法律案におきましては、大蔵大臣それから都道府県知事に対しまして、貸金業者に対する報告の徴収権あるいは立ち入り検査権というものを付与されております。また、この法律案におきます業務規制事項がいろいろあるわけでございますけれども、こういう規制事項に違反した場合には、営業の停止とかあるいは登録の取り消し処分をする権限も実は与えておるわけでございまして、この法律案が成立いたしました場合には、こういう悪質な行為を行う貸金業者につきましては、いろいろ権限を与えられておりますので、そういう権限に基づきまして厳正な態度で対処してまいりたい」

と答えている。

武富士は「悪質な行為を行う貸金業者」の筆頭であり、「営業の停止」とか、「登録の取り消し処分」を受けてもおかしくなかった。ところが、そうしたものを受けるどころか、株式の上場まで許してしまったのは、大蔵省も武富士とつるんでいたからだった。

そのキー・パーソンが元銀行局長の徳田博美である。その娘の夫である大蔵官僚が武富士の未公開株を受け取っていたことで問題となったが、木村勝美著『武富士対山口組』（イースト・プレス）には、こうも書いてある。

「武富士と野村證券とのあいだには、通常の公開会社と引受証券会社以上の関係がある。

野村證券元常務で野村ファイナンス会長だった小林等が平成元年から武富士の特別顧問、翌2年から1年間、社長を務めていた。

複数の野村證券関係者によると、小林等は、野村證券のドンと呼ばれた田淵節也元会長の子飼いだそうである。また、田淵は、すくなくとも昭和55年ごろから武井保雄と知り合いだ。

小林の退任後の平成6年には、徳田博美元大蔵省銀行局長が武富士の監査役に就任している。

彼は、昭和59年以降、野村総合研究所の理事長などを務め、野村證券の顧問でもあった。この徳田を野村證券に引っ張ってきたのも田淵である」

『現代』一九八三（昭和五八）年七月号に載った溝口敦の「サラ金の帝王『武富士』武井保雄の〝一獲千金〟人生」には、大蔵省出身で八〇年に副社長として武富士に入った人間の証言も引いてある。

「ぼくとしては顧問として入りたかったんですけど、武井さんがどうしてもというので副社長で入ったんです。しかし入ってみて分ったことですが、副社長でも顧問でも武富士は関係ない。要は武井さんに気に入られるかどうかで、副社長といえど会社の意思決定に参加できず、助言もできず、だいいち情報も入ってこない。まず、武井さんの判断ありき、の会社なんです」

この元大蔵官僚は一年ほどで辞めたというが、あるいは野村證券としては、武富士上場問題は大蔵省が主犯で、野村證券は従犯だと言いたかったのかもしれない。しかし、私に言わせれば、大蔵省と野村證券は〝共同正犯〟である。

武井は見えやすい悪、わかりやすい悪だが、人物で言えば徳田博美を頭とする大蔵官僚や、野村證券社長の氏家純一こそが陰に隠れている悪、つまり、捕まらない悪なのではないか。

そう言えば武富士の元社長、清川昭も野村證券の出身である。

一九九〇（平成二）年秋、東京の兜町や大阪の北浜で、北島三郎の歌う「与作」の替え歌「のむら」が流行った。

〽のむらはシラを切る
ヘイヘイホーヘイヘイホー

相場は怖いよ
ヘイヘイホーヘイヘイホー
お客は損切る
ヘイヘイホーヘイヘイホー

これをもじれば「のむらは怖いよ」あるいは「のむらは汚いよ」となるが、九一（平成三）年の株主総会で社長（当時）の田淵義久は、損失補填は大蔵省の承認を得ていることだったと発言して、共犯ぶりを認めたのである。

8　木川田一隆が泣いている

石坂泰三のリベラリズム

一九七〇（昭和四五）年一〇月二八日、自民党総裁に四選されんとする佐藤栄作に抗して立った三木武夫を励ます「国民の集い」が開かれた。場所は国会前の憲政記念館。三〇〇〇円の会費を取って午後一時から始まったこの集いに、経団連名誉会長の石坂泰三が駆けつけた時には、会場にどよめきが起こった。

それはそうだろう。長期政権を誇る時の総理に反旗をひるがえした人を励ます集いに、財界の大御所が参加したのである。

そんな会場の驚きを気にする風もなく、石坂は、三木が通産大臣の時、エジプトに行っていた自分に国際電話をかけてきて、英語で万国博覧会の会長就任を頼んできた話を披露《ひろう》しながら、

「三木さんの誠実さを買う」

と、あいさつした。

石坂の骨っぽいリベラリズムを示す例としては、東京都知事選の話もある。

その信念から、自民党反主流派の三木を応援するようなことをした。

ちなみにこの会では、三木の母校の明治大学教授だった藤原弘達が、「星影のワルツ」の替え歌を歌い、満場を沸かせた。

〽戦うことはつらいけど

仕方がないんだ国のため

心で男の意気地を示そう
いいかげんな気持ちじゃないんだよ
はんぱな気持ちじゃないんだよ
とことんやれよ三木さんよ

　こうした激励を受けて三木は、全国各地で演説会を開き、

「もの言えば損だ、という風潮が流れては政治は終わる。われわれは政党政治の原点に立ち戻り、新風を吹き込まねばならない。立てば損なことは分かり過ぎるほど分かっている。しかし、批判勢力がなければ、自民党は閉鎖社会になり、日本の政党政治は枯渇《こかつ》する」

　と熱っぽく訴えた。

　そして、事前の予想を大幅に上回る票を獲得したのである。

理想を高く掲げた三木武夫

　この三木が、一九七四（昭和四九）年暮れ、金脈事件によって田中角栄が退陣して、〝緊急避難〟的に総理になった。

永遠に反主流で終わるかに思われた三木はしかし、その就任の経緯に臆《おく》することなく、自民党にとっては好ましくない改革に突き進む。

内閣官房副長官になった海部《かいふ》俊樹に三木はこう言ったという。

「総理大臣になるということは、双六《すごろく》の上がりじゃないよ。双六のスタートなんだ。よくよく君らも肝に銘じてくれ」

そして初閣議で一時間余、次のようにしゃべりまくる。

「政治におカネがかかり過ぎる。政治資金規正法を考えなければならない。できれば、企業からの献金を、向こう三年間で全廃したい」

「いわゆる選挙二法である公職選挙法の改正と、自民党総裁選規程の改正が急務である」

「物価抑制と安定成長への転換を考え、石油ショック後の軌道修正をしていかねばならない」

「弱者救済のための福祉予算の充実と、生涯福祉計画の策定が必要であり、独禁法の改正が大きな課題である」

根まわしが得意な（あるいはそれだけの）竹下登を先輩とする海部らしく、海部はこの初閣議が始まる前、三木に、

「総理大臣が、いきなりトップダウンで法律の原案をかざして、これでいこう、というのも問題があります。閣議では、趣旨だけを……」

と言った。しかし三木は頑固《がんこ》だった。

「言わねばならんから、言う」

この後、各省庁から苦情が殺到し、その収拾に駆け回った海部が、みんな三木が理想に走りすぎると言っていると、その声を伝えると、三木は、

「しかし、理想というものを指導者が失ったら、君、どういうことになるか」

と答え、さらに、こう続けた。

「要求水準を低いところに置いてやる政治と、高いところに置いてやる政治とは、意気込みが違う。やはり、理想を高く掲げて、柳の枝にとびつく蛙《かえる》じゃないが、とにかくやってみよう。世間の評価だけを気にするなら、目標をなるべく低いところに置いたらいい。しかし、本当の人間の願いというものは、できるだけ高いところに置き、その結果、ここにきたんだ、ということを正直に訴えて分かってもらえばいい」

この三木の主張を、のちの総理の宮沢喜一と、〝財界総理〟と言われた経団連会長平岩外四はどう聞いたのか。

「あまり理想を追うと」と平岩

私は『週刊読売』の一九九二（平成四）年一月五・一二日合併号で、平岩に「ほろにが年賀状」を出した。その一部を再録すると――。

経団連会長は「財界総理」と呼ばれますね。それに平岩さんがなった時、私はホッとしました。その前の斎藤英四郎さんがあまりにひどかったからです。

しばらくおいて、今度は政界の「総理」に宮沢喜一さんが就任しました。この時も、前よりはマシだろうと期待したのですが、ともに、どうも〝本格政権〟とは言えないな、という感じを、いま抱いています。

宮沢総理は、小沢一郎氏に対してどういう態度をとるのかがポイントでしょう。同じように平岩さんも、小沢氏との距離が問題になってくるのではないでしょうか。私事ですが、小沢氏は私と同じ年に慶応を卒業しています。向こうは三歳ほど上で経済学部を出、私は法学部を出ました。そんな因縁はともかく、あの強引な政治手法にはとても危険なものを感じます。

その小沢氏を平岩さんが熱心に後援していると聞いた時は、わが耳を疑いました。

大仏《おさらぎ》次郎や藤沢周平の文学にも通暁《つうぎょう》する教養人の平岩さんは、寛容の大事さを知り尽くしているはずですし、小沢氏はそれこそ、不寛容をモットーにしているように思われるからです。

平岩さんは、自らにないものに惹《ひ》かれて、小沢氏を支持しているのでしょうか。

その小沢氏の唱導で突如、国際貢献増税構想なるものが持ち上がりました。それに対し、平岩さんは（九一年）十二月十三日午後の経済審議会後の記者会見では反対を表明していたのに、政府・自民党の方針決定が伝えられるや、「あくまでも審議の過程であると理解している」と述べ、「反対」を明言しなかったと報道されています。

ここにも私は小沢氏の影を感ずるのですが、それは思い過ごしでしょうか。

以下は略すが、政治改革の問題などについての平岩の弱腰は際立っている。宮沢と相談してでもいるかのように、相似形で腰くだけである。

とくに、一九九二（平成四）年二月の、政治献金ストップ論争の時がひどかった。

経済同友会副代表幹事の賀来龍三郎《かくりゅうざぶろう》（キヤノン会長）が、

「基本的には政治家がしっかりしないと日本経済に対する内外の信頼感は構築できない。われわれは川下にいるので、いくら川下を浄化しても川上から清い水を流さないとだめだ」

と言って企業献金のストップを提案し、代表幹事の速水優《はやみまさる》も、

「企業としても、政治改革が決定するまであまり政治献金をしたくない気持ちだ。政治改革が終わるまで財界から政治献金を一銭も出さないくらいにしないと、改革は進まないのではないか」

と同調したのに対し、平岩は、

「現実に動いている政治をどう持っていくかが改革の狙《ねら》い。あまり理想を追うと、逆効果になる恐れがある」

とブレーキをかけたのである。

自民つぶれても東電つぶすな

平岩は、東京電力の上司だった木川田一隆を師と仰いでいる。

長く、経済同友会の代表幹事を務め、「財界の良心」視された木川田は企業の社会的責任を高唱する理想主義者だった。

その木川田は、企業の政治献金が問題となり、電力料金の一円不払い運動が始まった時、自民党はもちろん財界からも猛反発を受けながら、企業としての政治献金をや

めた。

そしてキッパリ、

「たとえ自民党がつぶれても、電力会社はつぶすわけにはいかん」

と言い切ったのである。

そんな木川田の弟子であるはずの平岩が、政治献金廃止に待ったをかけ、「あまり理想を追うと、逆効果になる恐れがある」などと言うとは……。

呆然《ぼうぜん》として言葉もない。

草葉の陰で木川田は泣いているのではないか。

三木武夫の腰ぬけ弟子が海部俊樹であるように、平岩も木川田の腰ぬけ弟子なのか。

平岩に海部といつごろ知り合ったのかと尋ねたことがある。

すると平岩はこう答えた。

「木川田さんと三木さんが親しかった関係で、三木派の方とはいろいろお付き合いがあります。海部さんとは文部大臣をやられたころからです」

平岩は作家の小島直記との対談で、

「伸びる人というのはそれはもうだいたい、逃げないですね、仕事を。だから、私は幹部には、絶対に仕事を逃げちゃいけない、ということを言っています。責任を取らなきゃいけない、ということを言っています。責任を取らなきゃいけないときに、ふわあっとかわすのがいるんですよね。そういう人は、だめですね」

と語っている。

しかし、理想から逃げているのは平岩自身ではないか。経団連会長として、師の木川田が未完に終わった改革を成し遂げる絶好の立場にいながら、その「仕事」から平岩は逃げている。

「責任を取らなきゃいけないときに、ふわあっとかわすのがいるんですよね。そういう人は、だめですね」と言う平岩の言葉は、平岩自身に最もよく当てはまるものとしか、私には思えない。

平岩の耳には、政治改革を求める国民の声はまったく入らないのだろうか。もし入っても、また「あまり理想を追うと」と、爺《じじ》むさいことを言うのか。

木川田の教えに耳を澄ませ

一九九二（平成四）年の春、放送されたNHKスペシャル「こうすれば政治は変わる」に寄せられた「市民からの提案」は驚くほどの数だったという。

順不同に並べてみると——、

「政治改革は政治家にはできない。第三者に任せるかを問う国民投票をすべき。ドロボーはドロボーに不利な法律は作りません！」

「政治改革を政治家本人にさせるのは、農地解放を地主にやらせるようなもの。第三者集団に案を作らせて国民投票などで決めればよい」

「比例代表で政党名で当選した人は途中で絶対に党派を変わらないこと」

「離島に国会議事堂を移転する。伊豆大島か佐渡あたりに国会を移し、議員は在職中は家族とともに移住して公務以外では島を離れることを禁止する。議員は任期中は選挙区への立ち入りを禁止する」

「選挙人にプラスとマイナスの二票をもたせる。プラス票は従来どおりの扱い。マイナス票はその票数を得票数から引く。批判を票にすることができ、悪を断つことができる」

これは、いわゆる金丸信の五億円受領が発覚する前の話であり、その後、国民の怒りはさらに沸騰《ふっとう》しているだろう。

しかし、宮沢喜一も平岩外四も、声らしい声は発しなかった。

理想の火がないから発せられないのか。そのエネルギーを、平岩は木川田から受け継がなかったのか。

金丸信および小沢一郎への遠慮から、平岩も、そして宮沢も何も言わなかったのだろう。

それでは、いま座っている椅子に恋々とする権力亡者にすぎない。何を恐れているのか。

私は経世会(竹下派)の跡目争いをどう思うかと尋ねられて、

「ハッキリ助平とムッツリ助平の争いで、どちらも助平であることに変わりはない」と言った。いわゆる小渕派のほうが陰湿なムッツリ助平だが、ただ、小沢グループの石井一《はじめ》が、民主主義とか良識とかを口にするのを聞いて、

「彼らの民主主義はゴキブリの唱える民主主義である。ゴキブリに良識を言う資格があるのか」と酷評した。

これはTBSの「ニュース23」で言ったのだが、この発言を聞いていた羽田孜《つとむ》からTBSに抗議の電話がきたという。

しかし、私は、政治家、とくに自民党とそれに野合した野党の政治家にモラルを求めるのはゴキブリにモラルを求めるのに等しいと思っている。

ゴキブリは駆除するしかないのだが、ゴキブリにものを言えないどころか、それを

飼育している財界、とくに財界総理は何と呼べばいいのか。ゴキブリに勝るのか、劣るのか。

木川田の教えに耳を澄ました後の、平岩の返事が聞きたい。

勲章拒否者の系譜

北海道拓殖銀行から営業譲渡を受けた北洋銀行頭取の武井正直が、一九九八（平成一〇）年一一月六日付の毎日新聞北海道版で、痛烈な皮肉を言った。

「（拓銀から）引き継ぐ資産は」という質問に、こう答えているのである。

「貸し出し債権や預金のほか、絵画からコップまで全部時価で買い取る。『絵画五〇円』というのもあった。歴代頭取の肖像画は買い取らない。だいたいそんなものを描く感覚がおかしい。それが、文化の差だ」

拓銀と北洋銀行の「文化の差」というのは、つまり、頭取の価値観の違いに帰するのだろう。肖像画を描かせて飾っておくような感覚は、武井にはまったくない。

それは、武井と親しい元経済企画庁長官の田中秀征の次のような感覚に通ずる。

「挑戦一〇年」で初めて衆議院議員になったころ、田中は「何が一番つらかったか」と問われて、〝不自然なことをすること〟と答えている。

嫌がる人に握手したり、同じ人に同じ話をしたり。人がいないのに街頭演説をしたりすることがとても嫌だった。

選挙の苦労や落選のつらさは何とか耐えることができても、不自然なことには耐えられなかったのである。

「ふつうの人なら、自分の顔写真が街に貼られるだけで耐えられないだろう。

票のためなら土下座でも何でもするという人を、ことさら非難するつもりはない。

しかし私の場合は、もしそういうことをしたら、あるいはできるようになったら、非常に大事な何かを失ってしまうのではないかと思っていた。ふつうの人の感受性だけは保ちたい、というのも挑戦を始める時の私の決意であった」

衆院選三勝六敗で浪人中の田中はこう述懐している。その田中にとって、

「田中さんて何度落ちても新鮮だね」

と言われたのが何よりも嬉しかったとか。

しかし、残念ながら、武井や田中のような「ふつうの感覚」が大多数を占めるわけではない。

秋の叙勲が発表されたが、武井は勲章拒否を宣言している。城山三郎が『「粗にして野だが卑ではない」』で描いた元国鉄総裁の石田禮助や、武井の日銀時代の先輩で

もあった前川春雄も、勲章拒否の人として知られるが、勲章はお役所が民間人をコントロールする絶妙の武器である。それぞれが役所を通じて叙勲を申請するから、勲章がほしい人は役所にものが言えなくなる。さらには政治家に頼んでランクを上げてもらったりもするので、政治家に対しても卑屈になる。

高杉良の『首魁の宴』（講談社文庫）には、ある経済誌の主幹が元首相の「曽根田」や「武井」を動かして、ある銀行の元頭取に「勲一等瑞宝章」を取らせ、その銀行から億単位のカネをふんだくる話が出てくる。事実かどうかはわからないが、いかにもありそうな話ではある。

だいたい勲章は政治家が一番上位で、次に官僚、そして民間人となる。それで、首相経験者は当然のように、勲一等でもランクが上のをもらう。

私たちは近年の経験者で、あまり思い出したくない人を知っている。女性スキャンダルで早々に退いた宇野宗佑である。この人が勲一等をもらった時、経団連会長だった平岩外四が、同じ勲一等でもランクが下のをもらった。

平岩とは何度か会い、比較的良識をもった経営者だと思っていたのだが、その時私は、かなり激した調子で、あるコラムに、

「宇野より下位の勲章をもらって平岩よ嬉しいのか」

と書いた。

面識があるだけに悲しかったからである。

平岩こそは、石田禮助や前川春雄の系譜に連なるべき人ではないのか。

日本叙勲者顕彰協会というところから、受勲者のところに送られてくる『勲章・褒章事典』というのがある。「受章者の心得」まで教えてくれる「受勲・受章のてびき」である。

それによると、永井荷風は、

「ウナギは万人ことごとく、うまいと思って食うものとなせば、大なるあやまりなり。勲章は誰しも欲がるものとなさば、更に大なるあやまりなり」

と言っていたのに、一九五二（昭和二七）年、文化勲章の受章が決まると、辞退もせずにそれを受け、当日は朝早くからそわそわして、予約の自動車を待ちきれず、歩いて会場に来たという。

同じ作家でも、九八年一一月八日付の日本経済新聞で次のように語っている丸山健二と、ずいぶん違うものである。

いっさい文壇づきあいをせず、安曇野《あずみの》で創作活動を続ける丸山は、こう言い切る。

「作家はスターでもタレントでもない。芸術にとって一番禁物なのは安定や名誉。それがわかっていながらいつの間にか虚名に惑わされ、限界に挑戦することを怠り、次第に駄目な作家になっていく。そういう先輩作家たちを見てきて、違う道を生きなければならないと考えた」

おそらく、丸山のいう「先輩作家」の中には荷風は入っていまい。他にも数多く、荷風の後を追って俗化した「先輩作家」がいるのである。

九七年夏、私が「財界フォーラム」の講演会に呼ばれて、激越に勲章を批判した時、フォーラムの理事長の樋口廣太郎（アサヒビール会長）は、

「実は、私も勲章の内示をたびたび受けて、迷っておったんですけれども、今やめようと思いました（笑）。外国の勲章はもらうつもりでおります。これは断ると大変失礼になりますので」

と感想を述べた。

私の講演を含めて、樋口発言は『月刊　財界フォーラム』の九七年八月号に収録されている。樋口が荷風のように変わることはないだろうが、ここに再録しておきたい。

いずれにせよ、まともな人間は拒否し、まともでない人間がもらうのが勲章なのである。

第二章　三井と三菱の人脈の系譜

1　三菱グループのリーダー群像

荘内館の先輩

日本海に面した港町、酒田と、隣の城下町、鶴岡《つるおか》を中心に広がる山形県の庄内《しょうない》平野は、わが国でも有数の米どころだが、また、三菱の戦後史に欠かせぬ人物を二人生んでいる。

三菱油化の社長だった池田亀三郎と、三菱鉱業の社長をした伊藤保次郎《やすじろう》である。池田は酒田の生まれで、伊藤が鶴岡の生まれ、池田のほうが六つほど先輩だった。

いきなり私事にわたるが、私は一九六五（昭和四〇）年前後の学生時代に、この二長老と会っている。というのは私も酒田の生まれで、庄内地方出身の学生が入る寮に入っていたからだ。東京の駒込《こまごめ》にあるこの学生寮は「荘内舘《しょうないかん》」と呼ばれ、池田と伊藤はその大先輩だった。

荘内舘では御多分に洩《も》れず、毎年、新入生歓迎会や舘祭《かんさい》、そして予餞会《よせんかい》などが開かれる。

それらに、この二先輩はよく顔を出したのである。年譜をひもといてみると、一九六五年当時、池田は三菱油化の現役社長であり、伊藤は東北開発の総裁をつとめている。そうした多忙な時間を割いて、池田と伊藤は五〇名足らずの学生たちの集まりに出席していたのだ。

そしてある時、たしか舘祭の席上、寮長みたいなことをしていた私は、寮監の佐藤正能《まさよし》先生（やはり山形県庄内地方出身で、横浜国大教授の傍《かたわ》ら、無償で郷里の後輩の面倒をみていた）から、この会に伊藤保次郎先輩がビール一ダースを持参してくれたことを披露せよ、と言われた。

それで、池田、伊藤両先輩の他に、三、四人の先輩が見えている席で、私はそのことを感謝の念をこめて披露したのである。

途端に、日頃は温厚な伊藤が激した調子で怒り出した。

「そんなことは言わなくていいんだ」

当惑した私は、かといって監督に助けを求めるわけにもいかず、

「すみません」

と言ってその場を逃れたが、あとで考えてみて、伊藤の怒りは先輩の池田への気がねからだと理解することができた。

いい悪いではなく、池田はそうした気づかいを示す人ではなかった。それに対して

伊藤はこまめに面倒をみてくれる人だったが、その時は、何も持って来なかった池田が恥をかくことになっては困るという気持ちだったのだろう。

炭鉱離職者援護会理事長もやった情の人の伊藤については次に語ることにして、まず、先輩の池田から、その人物を語ろう。

「万年青年」池田亀三郎

一八八四(明治一七)年五月二一日、酒田市に生まれ、旧制の三高を経て、東京帝大の採鉱冶金《やきん》科に学び、一九〇九(明治四二)年、三菱合資会社石炭部に入った池田について特筆すべきは、一九三四(昭和九)年に日本タール工業をつくった時の逸話である。

一九二六(大正一五)年、三菱鉱業技師長として、欧米各国の炭鉱視察旅行をした池田は、石炭化学の必要性を痛感し、帰国後直ちに、その旨《むね》を本社に献言した。

それが一〇年後に陽《ひ》の目をみることになったのである。当時の三菱本社社長は岩崎小弥太《こやた》。

言いだしっぺの池田が新会社設立を命ぜられ、いよいよそれが具体化した時、池田は岩崎にいくつかの〝お願い〟をした。池田としては「お願い」のつもりだったが、岩崎はもっと強いものとしてそれを受けとったかもしれない。

まず第一に、社名に三菱の名を冠さないこと。池田から見ると、三菱の人間は、あまりに三菱という名に郷愁を感じすぎる。その気持ちもわからないわけではないが、それに執着することなく、新しい会社には、もっとおおらかな名前をつけたい。そうして、つけられた名前が「日本タール工業」だった。

池田は岩崎に、この社名を了承してもらいたいことと、これから一〇年間は利益が出ないかもしれないし、また出さないかもしれないから配当は期待しないでほしい、と〝お願い〟した。

さすがに岩崎はムッとしたような顔をしたが、翌日、池田を呼び、

「池田君、昨日の話は全部、君の意見にまかせるよ」

と言った。

何とかして「三菱」の名を冠しようと、いろいろ画策する人間が多い中で、池田のこの覚悟は潔い。

三菱をさらに大きくという池田の意図を解せず、当時、「池田君は三菱が嫌いなんだろう」と陰口を叩《たた》く人間もいたとか。

こうして発足した「日本タール」は、一九三六（昭和一一）年に「日本化成」と社

名を変更し、さらに、一九四四(昭和一九)年には「三菱化成」となった。それが〝進歩〟なのか〝退歩〟なのか、私は知らない。

ただ、郷土の先輩という身びいきからではなく、この話は私に消えない印象を残す。

一九七八(昭和五三)年に出た池田の『追想』で、三菱商事会長の藤野忠次郎が、

「私は三菱に入って満五十三年を経過した。それだけに、いろいろな先輩上司に仕え、友人部下を持ったが、三菱グループというのは先人の遺産が大きいだけに、あまり独創的な仕事はしていない様に思う。財閥系をはじめとして大きなグループと言われるところは、どうもそういう傾向がある様に思えてならないが、その様な中で池田さんは間違いなく独創性の人だった」

と書いているのも、こうしたエピソードを想起すれば強く頷けるだろう。

同じ『追想』で、田実渉《たじつわたる》は「三菱銀行相談役」という肩書で、こう書いている。

「晩年の池田さんについて思い出される事は、何と言っても池田さんは万年青年、老いる事を知らない人だったという点に尽きる。

昭和四十六(一九七一)年だったと記憶するが、米寿のお祝に金盃《きんぱい》を贈呈したが、単にお歳《とし》をとられただけではなく、益々《ますます》年と共に記憶力、判断力の冴《さ》えてこられる池

田さんの超能力を祝ってのものであった。

世間一般では、わが国経営者層の老害とか、若返りの必要性を説く向きも多く、私も一般論として賛成だが、年齢は個人差があるものだ。

百才の童《わらべ》、十才の翁《おきな》という古語もある通り、池田さんは格別の人であった」

田実の言う「万年青年」については、池田自身が一九六〇（昭和三五）年一二月に『日本経済新聞』に連載した「私の履歴書」で裏打ちするようなことを書いている。

東京帝大の卒業式の前日、謝恩会が終わってから友人たちは吉原に繰り出し、池田も連れて行かれたが、「絶対に清潔であった」というのである。こんなところに「絶対に」という言葉を使って力むのも、池田の「万年青年」らしさを表してはいないか。池田はこの後を、

「（その後も）女関係であくまで純潔を保てたのは、子供のころから尊敬していた父の影響が大きいと、いまでも私は思っている」

と続けている。

この池田が、戦後、公職追放解除後、石油化学というさらに新しい事業に取り組み、「三菱油化」を設立して社長となったのは、一九五六（昭和三一）年、七二歳の時だった。

前述したように、私はそれから約一〇年後、八〇歳に達した池田を見ることになったわけだが、その頃でも、贅肉《ぜいにく》を削《そ》ぎ落としたような痩身《そうしん》と、射すくめるような目には、若々しい光があった。

その光はどこから来るものだったか。私はそれを、池田にスカウトされて通産省から三菱油化に転じた社長、吉田正樹に聞いて知った。

池田は、たとえば晩年も、石油化学関係の学術的な講演会に出かけて行って、年若い研究者の語ることに熱心に耳を傾けていたというのである。

池田自身の述懐によれば「一割も理解できなかった」と言うが、しかし、その雰気に浸《ひた》りたくて足を運ぶのをやめなかった。

老人はとかく話したがる。それを逆に、池田のように、わからない話でも辛抱して少しでも理解しようとする人は稀である。

このエピソードを吉田から聞いて、私は、池田のあの若々しさの秘密はそこにあったのか、と合点した。

しかし、池田のこの吸収欲は並大抵のものではなかったらしい。

吉田は、日曜の朝六時半頃に電話で起こされ、

「もう朝飯はすんだろうな」

と言われて、緊張のあまり、

「ええ」

と答えると、

「勉強したいことがあるから直《す》ぐ来てくれ」

となって、夜の九時頃まで〝吸収〟されることがしばしばだったという。

池田が亡くなったのは、一九七七（昭和五二）年四月二日、もう一ヵ月余りで九三歳になろうとする春だった。石油化学工業に、まだ「構造不況」の影は濃く射《さ》してはいなかった。

一九八三（昭和五八）年に亡くなった陽明学者、というより歴代首相をはじめ政財界のエグゼクティブたちの導師的存在だった安岡正篤は、とりわけ三菱との縁が深い。

大阪の堀田家に生まれた正篤が養子に入った安岡家は土佐の旧家で、三菱の始祖、岩崎弥太郎とつながるからである。ために安岡はよく、三菱グループの社長、会長の集まりである「金曜会」で講義をした。また、三菱化成の社長をした桑田時一郎《ときいちろう》は、東京信濃町《しなのまち》の化成寮に定期的に安岡を招き、教えを受けていた。池田亀三郎もその講義を聞いていたが、この縁で、安岡は一九六六（昭和四一）年に「池田亀三郎社長寿像記」の撰文をしている。

このとき、安岡はそれを頼みに行った三菱油化常務（当時）の伊藤貞治に、「私は生存者のものは一切書かないことにしている。今日著名人でも、明日それに価しなくなる人も多いからである。しかし池田さんは違う。喜んでお引き受けする」と言ったとか。

その撰文に「実ニ憤ヲ発シテ食ヲ忘レ楽シンデ以《もっ》テ憂ヲ忘レ老ノ至ルヲ知ラザルノ人ナリ」という言葉がある。

池田はまさにそうした人だった。

伊藤保次郎の「安来節」

安岡はまた、伊藤保次郎について「伊藤保次郎翁《おう》を憶《おも》ふ」漢詩と和歌三首をつくっている。

池田より六つ年下の伊藤が、池田が亡くなる五年前の一九七二（昭和四七）年一二月一一日に、八二歳で亡くなった時のものである。

仮名《かな》まじり文にして漢詩から紹介しよう。

朴々《ぼくぼく》たる容顔、訥々《とつとつ》の言
身を持《じ》すること清淡、気は温々
時《し》有ってか烈々として人の胆《きも》を奪ふ
識るべし平生涵養《かんよう》の敦《あつ》きを

次に和歌三首——。

心ある人々今も尚慕《なおした》ふ
　古武士の風を君にこそ見れ
垢《あか》ぬけてさかしら多き今の世に
　君の素朴の徳ぞうれしき
見るからに野叟《やそう》のごとく時ありて
　古武士の如き君もあらなく

伊藤保次郎は一八九〇（明治二三）年九月四日、鶴岡市に生まれる。東京帝大法科を経て、一九一七（大正六）年、三菱合資会社に入り、生野鉱山に勤務した伊藤は、明延《あけのべ》、尾去沢《おさりざわ》といった鉱山を転々とする。

安岡の形容しているように、少しも辺幅《へんぷく》を飾ることなく、洗面器で酒をあおったりして、山男たちの信頼を集めた。その『追想録』に、伊藤が東北開発総裁在任中、運転手として仕えた人間が一文を寄せているところにも、伊藤らしさがよく出ている。

興至ると披露するのが安来節《やすぎぶし》だった。実演入りである。

先に紹介した荘内舘監督専務理事、佐藤正能のペンによって、それを再現してみよう。私も学生時代に、その至芸を見た。

たしか、予餞会の席で、伊藤が、

「佐藤さん、ザルと手拭《てぬぐ》いありませんか」

と言った。

佐藤が夫人に言ってそれを出させると、伊藤はさっと監督室に姿を消し、二〜三分後、上衣《うわぎ》もズボンも脱ぎ、手拭いで頬《ほお》かむりをして現れた。毛脛《けずね》も露《あらわ》で、脇《わき》にザルを抱えている。

そして学生たちに安来節を合唱させながら始まったのが、年季の入った泥鰌《どじょう》すくいである。

ここからは、最長老理事の伊藤の健康を気づかう佐藤の文をそのまま借りよう。

「私は隠見する股間《こかん》が気になって、名演技に堪能《たんのう》ばかりしておれなかった。更にまた、時は一月中旬であり、学生の石油ストーブ三つ四つははいっていたものの、何しろ四十余名の学生のほかに数名の理事もいたこととて、会場の会議室の戸も外して廊下にもうすべりを敷いて控えている有様とて、室内は相当寒いのである。伊藤さんにこの姿で風邪をひかせては大変と心配し続けた」

この至芸が万雷の拍手とともに終わると、伊藤はすぐにまた監督室に入り、きちんと洋服を着て出て来て、佐藤に言った。

「今日はこれから大阪にたたねばなりませんので、これで失礼します」

もちろん、伊藤は私たち寮生に、泥鰌すくいだけを見せたのではない。自ら進んで、酒をついでまわり、いろいろと話しかけた。

ところで、この「安来節」については、おもしろいエピソードがある。

公職追放解除後、三菱鉱業社長となった伊藤は現場をまわり、北海道の大夕張鉱業所で、また「泥鰌すくい」を披露した。

浴衣《ゆかた》の尻《しり》をからげての本格的なヤツである。ところがその時、越中フンドシのゆるんだ踊り姿をひそかに写真に撮った者があり、しかもそれを、わざわざ伊藤の家に送ってくれた。親切心からだったか、いたずら心からだったか、あるいは、その両方からだったかはわからない。

そんなこととはツユ知らず、自宅に帰ると、学生時代の大恋愛を実らせた夫人が、何となく、よそよそしい態度で、

「あなたはよそへ行くと、ずいぶんヘンなことをやっているんですね」

と言う。それに対して伊藤が、

「何を言うか。こう見えても、人前で恥をさらすようなことはしていない」

と開き直ったところへ、夫人が、

「では、これはどういうことなんでしょう?」

と、件《くだん》の写真を差し出した。

これには伊藤も返答に窮して目をシロクロさせたとか。

その親しみ深い人となりに、思わず紙数を費やしたが、それでは、経営者としての伊藤はどうだったのか。一九三六(昭和一一)年一一月、尾去沢鉱山で、鉱滓《こうさい》ダムの大決壊事故が起こった。

伊藤はその年の夏に、この鉱山の副長から本社の労務部副長に転任していたが、一

瞬にして三一五名もの生命を奪ったこの事故に、伊藤は直ちに現場に駆けつけ、臨時復興部部長として不眠不休の活動をした。数ヵ月間も風呂《ふろ》に入らず、そのため全身湿疹《しっしん》にかかったという。

社長になってからも、伊藤は公私のケジメにきびしかった。

伊藤は一九五九（昭和三四）年に、のちの首相池田勇人などに口説かれて炭鉱離職者援護会理事長になったが、この時、三菱鉱業社長として日本石炭協会と経営者協議会の会長をしていたので、

「企業を生かすため人減らしをする経協の仕事と、個人を生かすための離職者の面倒をみる仕事と、使い分けることはできない」

と言って、経協はもちろん、「三菱鉱業」の社長の椅子も、さっさと後進に譲り渡してしまった。凡百の人間のできることではない。

その伊藤は、「東北開発株式会社」の総裁になった時、前任者の時代の汚職事件で国会に呼び出され、決算委員会で、

「この会社の役員は財産的出資をしていないから、経営に真剣味が少ないのではないか」

と追及された。

それに対して伊藤は静かに立ち、

「私は財産よりもっと大事な身体《からだ》を出しております」

と答えた。気迫のこもったこの名答弁に、ざわついていた委員会室は一瞬シーンとなったというが、その時伊藤は、おそらく、横綱柏戸《かしわど》が「怖い」といった眼《め》をしていただろう。伊藤は、郷土力士柏戸の後援会長もしていた。

一年先に愛妻に先立たれた伊藤は死の床で、

「ばあさん！　迎えに来てくれよ。雪が深くて行かれないんだ」

と言ったという。

三菱グループの名トリオ

のちの三菱商事社長、荘清彦《しょうきよひこ》は一八九四（明治二七）年一二月二五日、東京に生まれ、一九二〇（大正九）年に東京帝大経済学部を出るとすぐ、三菱本社に入った。

荘の父親、清次郎《せいじろう》は三菱本社の専務理事を務めた人で、伊藤保次郎より三年遅れて三菱に入った荘は、池田亀三郎や伊藤が、いわば〝惑星的存在〟として三菱を支えたのに対し、あくまでも中枢にあって三菱をリードした。

荘を引き立てた三菱の当主、岩崎小弥太は、グループの発展を図るため、思斉寮《しせい》を設け、各社の若手有望社員をそこに入れた。

この中から、高杉晋一《しんいち》（のちの三菱電機社長）、千金良宗三郎《ちぎらそうざぶろう》（同銀行頭取）、大槻文平（同鉱業セメント社長）、藤野忠次郎（同商事社長）らが巣立っていったが、荘清彦はもう一人、この寮出身の〝暴れん坊〟に目をつけた。

それが、のちの三菱重工業社長、牧田与一郎《よいちろう》である。

牧田は最初、商事に入ったが、〝ケンカお牧〟の異名をとり、いつも上役に食ってかかる。それで荘は、牧田を重工に移し、存分にその力を発揮させた。

知の藤野、剛の牧田、そして、情の田実渉の三人に三菱の未来を託し、このトリオのトロイカ方式によってグループのカジ取りをさせようとした荘の眼力は鋭い。

ちなみに、のちの三菱銀行頭取、田実と荘は従兄弟同士であり、田実の父親は岩崎家の遠縁で、長く三菱の顧問弁護士をつとめていた。また、田実夫人と牧田夫人は、やはり従姉妹《いとこ》である。

これから、このトロイカに、日本郵船をリードした有吉義弥《ありよしよしや》を加えた四人の男について述べていくが、この四人の生年は次のようになる。

一九〇一（明治三四）年　藤野　有吉

一九〇二（明治三五）年　田実

一九〇三（明治三六）年　牧田

つまり、ほぼ同年なのだ。

梶原一明の『覇権《はけん》の構図――ドキュメント自動車再編』（講談社文庫）に、藤野、田実、牧田の三人の横顔をとらえたちょっとおもしろい記述がある。

一九六七（昭和四二）年頃、三菱重工の自動車部門と本田技研との提携を考えた三菱重工副社長（当時、以下同じ）牧田与一郎は、本田のメインバンクである三菱銀行頭取、田実渉に〝仲人《なこうど》〟を頼んだ。

それで、趣味人の田実は、趣味を通じて、本田宗一郎、藤沢武夫という本田の両首脳との〝見合い〟の席を設けることにし、常磐津《ときわず》をよくする藤沢には、やはり常磐津に自信のある牧田を、日曜日に田実夫妻と牧田夫妻が藤沢家の茶室を訪れるといった形で会わせた。

また、人工の川がつくられ、稚アユが放流される庭を持つ本田宗一郎邸には、アユ釣《つ》りのベテラン、藤野忠次郎三菱商事社長を、田実が連れて行った。

梶原はこれを「粋《いき》なサウンド」と書いているが、趣味と仕事がこのように結びつくのか、と目を瞠《みは》る読者もいるだろう。

このトリオは、昭和四〇年代後半、「三菱の大転回」と言われた対中国姿勢の転換でも、息の合ったところを見せた。

中国へ中国へと、ナダレをうったように日本の企業がなびき始めた中で、

「エサを見て無定見に尻尾《しっぽ》を振るのは、卑賤《ひせん》の商法だ」

と言っていた牧田が、田実と藤野に夫人連れで北京《ペキン》へ行き、周恩来《しゅうおんらい》に会ってくれと頼む。

三菱だけが中国行きのバスに乗り遅れる、と非難され、

「心配するな、オレの会社ではジェット機をつくっている。バスに乗り遅れて困ったときは、うちの飛行機で送ってやるさ」

と言っていた牧田の、これが〝ウルトラC〟だった。

しかし、この訪中は牧田の死によって実現せずに終わる。

牧田の暴れん坊ぶりは、前記の荘清彦が、

「あいつには、いつも六人の敵がいるというのに、味方はたったの四人だ。しかし六人の敵はいずれも一人前の力しかないが、四人しかいない牧田の味方は、全員二人前の働きのできる者ばかりだ。そこで四人しかいない味方は八人力となり、力関係でいうと、八対六で牧田有利となる。そういう男だ」

と評していたくらいである。

若い頃、気にくわない同僚を、仲間の目の前で殴りつけたこともある。

この牧田の、もうひとつのアキレス腱《けん》が、四男の吉明《よしあき》だった。吉明は学生運動に走り、父親が社長をしている重工にデモをかけたりした。

作家の清水一行《しみずいっこう》は、この牧田に惚《ほ》れて、『燃え盡きる』（徳間文庫）という長編と、「鬼の報酬」（角川文庫『九連宝燈』所収）という短編の小説を書《つ》いている。

実名小説の『燃え盡きる』で、牧田は、ベ平連の一株株主たちから、お前のつけているのはこの仮面だ、とドクロの仮面を突きつけられても毅然とした態度をとりながら、一方で、総会屋たちには、

「若者を殴っちゃいかん。どんな思想をいま持っていようとだ。次の時代の日本を背負ってゆくのは若者だよ。彼等の主張がたとえどうであれ、殴るってのは最低だ」

と強くたしなめる。

作者の清水一行は、こうした熱《パッション》を感じさせる経営者はいなくなった、と言う。

「牧田のような人間は、いまだったら社長になれないでしょう。いまは、ああいう人ははずしていく傾向がありますからね」と言うのである。

「気質がオレに似ていると言って、牧田は懸命にセガレとの間を埋めようとするけれども、結局、埋まらない。しかし、いまの経営者で、屈折感を抱きつつも、なお息子

を理解しようとするような人間はいないね」

清水はこうも語る。そんな清水の『燃え盡きる』についての「作者のことば」は、いつになく昂《たか》ぶった調子で書かれている。

「私は、ロマンのない経営者には伝説は生まれない、と思っている。伝説的な経営者という意味で、牧田与一郎は戦後を代表する人物である」と。

清水は、あとで読者から、

「よく調べましたね。牧田さんとは相当長いおつきあいなんですか」

と言われた。しかし、実は一度も会っていない。

「そう言われて、ニヤニヤとできる快感というのは格別なもんなんですよ。それが小説家冥利《みょうり》なんです」

と頰をゆるめて笑った清水は、『燃え盡きる』は、牧田への「岡惚《おかぼ》れ感情で書いた小説」だと言った。

「和をもって尊《たっと》しとなす、とはナンセンスだ。経営にバイタリティをもたせるには、ワイワイ言って尊しとなすに限る。ヘビは毎年ぬけがらを残して成長していくが、人間も常に脱皮して陳腐化を防がなければダメだ」

こう言いつづけた〝三菱の暴れん坊〟牧田が、現職社長のまま、膵臓癌《すいぞうがん》で亡くなったのは、一九七一（昭和四六）年一二月七日。六八歳の壮絶な〝戦死〟だった。

読売新聞社編の『日本の人脈　財界』（読売新聞社）によれば、牧田が死んだ時、ほぼ同年の、三菱製鋼社長中島正樹が、つぶやくように言ったという。

「いいたい放題をいい、思いどおりのことをやり、現役社長のまま死ねる。牧田ほどしあわせな男はいないよ」

医者をして「こんな豪快な気力のある人は初めて」と言わしめた牧田が、自分が重工から身を引いた後の経営を一切任せられる人物として考えていたのが、のちの社長（当時は長崎造船所長）の末永聡一郎《すえながそういちろう》だった。

有吉義弥の〝武勇談〟

牧田とは別な意味で、やはり「型破り」と言われたのが日本郵船の有吉義弥である。

郵船は、海運から出発した三菱の源流会社だが、有吉はそれを世界最大の海運会社にした。

有吉は一九四二（昭和一七）年から戦時統制団体である船舶運営会に派遣され、敗戦の時には理事だった。そこへ、アメリカ太平洋艦隊司令長官ニミッツは日本の降伏と同時に、保有船舶のリストを早急に提出しろと言ってきた。

それに対してどうするかで、日本の海軍と陸軍の意見が分かれる。スッタモンダの末、貨物船の一部をリストから除外することになった。

これを報告に行ったのが、有吉と朝海浩一郎《あさかいこういちろう》（のちの駐米大使）である。ところが、有吉は相手のバレンタイン少将に、隠すはずのリストまで出し、

「これで全部だ。たったこれだけの船なんだから、全部日本人の手で運航させてほしい」

と言った。

バレンタインは有吉の率直な態度に好感を抱き、よろしいということになった。

「あのとき小細工をやっていたら、米軍の信用を失い、厳重な海運管理体制が敷かれただろう。それによって日本の海運復興もかなり遅れたに違いない」

これが有吉の述懐である。

有吉はその著『海運五十年』（日本海事新聞社）に書いている。

かつて、郵船の社員は非常に消極的で、退嬰《たいえい》的だった。何しろ、郵船の筆頭株主は皇室だったので、郵船がつぶれることは決してない、と幹部も社員も思い込んでいた。政府が海運政策を実施する場合、建造助成にしても航路補助にしても、まず郵船

だったからである。

だから、日本海運の大立て物、山下亀三郎には、いつも「郵船は〝お乳母日傘《んばひがさ》〟の育ちだから、商売なんかわかるもんか」と言われた。

有吉によれば、「会社が安泰だ『つぶれっこない』と安心すると、どういうことになるか、幹部も社員も事大主義になり形式主義になる。そして、つまらない社内人事にばかり拘泥《こうでい》するようになる」。

こうした弊害は大三菱だからということもあろう。有吉は洒脱《しゃだつ》にこれにカツを入れた。父親が兵庫県知事や横浜市長をつとめた有吉は根っからの国際人として育った。それに磨《みが》きをかけたのがワイ談と艶笑川柳《えんしょうせんりゅう》である。

伊藤肇の『はだかの財界人』に書かれている有吉の〝武勇談〟を紹介しよう。

社長時代の有吉が、イギリスの居酒屋で、ワイ談の東西交換教授をやった。そして問題になったのが、東洋人が「強い」か、西洋人が「強い」かという議論。有吉もがんばったが多勢に無勢で、西洋人のほうが断然強いと押し切られた。

それで有吉は、くやしまぎれに、

「諸君は随分いばっとるけど、西洋人のは一方交通で出すばかりじゃないか。東洋人のは吸射自在で、練達の士になれば、タライ一杯の水くらいみている前で吸いあげる」

とブチあげた。

これには、イギリス人たちも驚いて口をあんぐり。

有吉は大いに溜飲《りゅういん》をさげたが、数日後、便所へ行くと、その時の一人が有吉のそばへコップ一杯の水をもってやって来て言った。

「ミスター・アリヨシ、すまないけど、ここで、このコップの水を吸いあげて見せてくれないか」

真剣な顔つきで頼まれて、有吉はとびあがり、弁解これつとめて、ようやく勘弁してもらったとか。

こうした〝経験〟も加わっているためか、一九六三（昭和三八）年に有吉が出した『花と柳と』（国際海運新聞社）という川柳の本はユニークである。吉原の由来から説き始めたこの本では、たとえば、

あひ惚れは顔に格子《こうし》の跡《あと》がつき

という古川柳を紹介したあとで、

「生きた人間を店先に並べるのはひどいというので、大正五年（西暦一九一六年）の警視庁令で張見世は禁止され、代って写真を額のように並べるという、索漠《さくばく》たることになった。お客の袖《そで》を格子の間からキセルで引っかけるなどという情緒も消えてしまった。『キセルの雨を降らせた』などという先輩の自慢ばなしは海運界の好況と同じように、話だけで、ついにお目にかかったことがない」

と〝注釈〟をつけている。

この注釈がなかなかおもしろい。

吉原と芳町の間蟻《あいあり》わたり

については、「『蟻わたり』は会陰《えいん》部の俗称。吉原は女、芳町は男娼《だんしょう》、この相違をそのものズバリ、生物学的に表現した」、と書いたあとで、

「海運助成策じゃないが、前向きと後向きの違いである」

と付言しているのにクスリとさせられる。

三菱は秋田犬と同じ

英語で寝言を言うといわれた有吉と並ぶ三菱きっての国際人が商事元社長の藤野忠次郎。それは、一九七一（昭和四六）年春からしばらくの間、石坂泰三の後任として、チェース・マンハッタン銀行の社外重役をつとめたことでも明らかだ。

藤野はかつて、「経済の国際化がほんものになるためには、まず人間の国際化がなされなければダメだ」という信念の下に、「いま国際化を叫んでいる財界の連中をみてみろよ。国際化にはいちばん不向きの人間ばかりだよ」と痛烈な皮肉をとばしていた。

だから彼は、一九六六（昭和四一）年五月、社長になるや否《いな》や、海外転勤者や出張者に対する現地での出迎えを一切禁止した。

商社マンとして、通関の手続きから何から自分で苦労したほうがいい。その時の経験が、その国、その国の国民を知る糸口になると思ったからだ。

藤野は、三菱を「日本の三菱」でなく、「世界の三菱」として捉《とら》え、一九七〇（昭和四五）年には「三菱は秋田犬なり」という説を唱えた。

「秋田犬は主人には忠誠をつくすが、他人には噛《か》みつく非社交的な犬だ。日本では優秀な犬種と認められているが、国際的にはまるで評価されていない。いまの三菱は秋田犬と同じだ」

これが藤野の「三菱＝秋田犬」説である。

これではダメだとして、創業一〇〇年の一九七〇（昭和四五）年にグループとして打ち出したスローガンが「あなたの三菱、世界の三菱」であり、藤野はこの大衆化と国際化の積極的な推進者だった。

「日本国内で、小さくグループ化しても何にもならない。各経営者は、日本経済のためにどうすればよいかを考えて経営に当たるべきであり、三菱は日本株式会社の三菱部でなければならない」

という藤野の主張は、こうした背景から生まれている。

合併挫折の引き金

一九五四（昭和二九）年の商事大合同、一九六四（昭和三九）年の三社再合併による現在の三菱商事、三菱重工の誕生は荘清彦を中心に、藤野忠次郎や牧田与一郎らの手によって推進されたが、三菱銀行は一九六八（昭和四三）年から一九六九（昭和四四）年にかけて第一銀行との合併を図って挫折《ざせつ》した。時の頭取が田実渉。

一九六九（昭和四四）年元旦の読売新聞のスクープによって表沙汰《おもてざた》になったこの合併は、田実と第一銀行頭取、長谷川重三郎《じゅうざぶろう》との間で進められたものだが、それに対して、当時の第一銀行会長、井上薫《かおる》は「形は対等合併でも、相手が三菱では必ず吸収される」と猛烈に反対した。

内部から見れば、結束力がいまひとつと思われるかもしれない三菱でも、外部からは強力な軍団と映るのである。

この時、田実はある評論家に、

「お尋ねの『合併不成功に対する反省』について、左記の通りお答えします。

一つのことを為すに当たって、之《これ》を誰が成したかということよりは、之が成就《じょうじゅ》出来るか否かが大切であると思います。にもかかわらず、今度の合併は自分でなければ出来ないと思った私の驕慢《きょうまん》にあると思います」

という自省の手紙を書いているが、具体的に、たとえば次のような場面も、苦い後悔とともに思い出す。

それは、合併がスクープされる二日前の、一九六八（昭和四三）年一二月三〇日午後、三菱銀行本店を訪れた井上に対して、田実は大人気ない言葉を吐いてしまったのだ。

何とか、合併を思いとどまらせたいと思った井上は、田実に次のように話しかけた。

「田実さん、この合併を強行するのは、どうしても無理がありますよ」

「そうかね、こんな良縁はないと思うがね」

「ウチでは、取引先だって大株主だってみんな反対しています」

こうしたヤリトリの中で、田実は、

「井上さん、第一銀行が合併に反対だと言ったたって、現に代表権を持つ役員は、全員、合併に賛成しているじゃないですか」

と言い、井上が、

「役員会が賛成したって、大株主が反対だから株主総会では否認される。そうなったら、かえって困るでしょう」

と言うと、さすがに興奮して、

「一体、あなたはどういう資格で私にそういうことを言っているのですか。代表権はお持ちですか」

と切り口上で返してしまったのである。

この田実の言葉は、潔く代表権を返上して会長となっていた井上を鋭く刺した。

それで井上はカッとなり、合併反対運動にいっそう熱を加えることになった。

田実にとって痛恨の一事だったろう。この合併挫折について、田実はその無念の思

いを振り切るように、

「銀行にとって一番大事なことは信用です。私は新入行員にいつも言っているのですが、昔、三井銀行で窓口の係員がお客さんに過払いした。その時、（筆頭常務の）池田成彬《しげあき》さんが、絶対に間違っておりませんと、そのお金をお客さんに返したという話がある。銀行に入った時、私はこれは銀行員の心得でもあり、美談でもあると思った。そういうように銀行は信用を大事にしてきた。その信用はいったいどこへ行ってしまったのか。ジャーナリストからも誰からも、一言も出てこなかった」

と語った。

頭取として合併契約書まで交わしながら〝結婚〟できなかったことを振り返っての言葉である。

ところで、銀行同士の〝結婚〟ならぬ田実自身の結婚については、こんなおもしろいエピソードがある。

伊藤肇が『なんのヘチマ』という「酔語随筆」でスッパ抜いているものだ。

東海銀行の相談役だった金子嘉徳《よしのり》は結婚式の祝辞で、よく、

「結婚すると、必ず、やるものがあります（笑）。……それは夫婦喧嘩《げんか》です。今は、こうして仲睦《なかむつ》まじくやっていますが、二、三年、いや、もっと短いかな。とにかく、

やらかしますよ（笑）。しかし、この夫婦のピンチを切り抜けるたった一つの方法があります。これはお互いに新婚旅行の翌朝を思い出すことです（笑）。これは私が家内と一緒になりました時、恩師からいわれた言葉で、五十年来拳々服膺《けんけんふくよう》、辛《かろ》うじて、ことなく、今日にいたりました（笑）」

と言ったそうだが、この話をすると、田実は伊藤に、

「冗談じゃない、僕の家内は、あの翌朝、蚊《か》の泣くような声でいいやがったぜ。『もう、あんないやらしいことは、二度としないで下さい』って……」

と言ったというのである。

これは事実かどうかわからない。多分に田実のフィクションのような気もする。田実は洒落《しゃれ》っ気の多い人だったからだ。

こちらは事実だが、その田実は、結婚してからも毎晩飲み歩き、帰宅はきまって午前様になった。

「あんないやらしいことは二度としないで下さい」と言ったことにされている相子夫人は田実の健康を心配して、そんなに飲んでは体に毒ですよ、と何度も注意した。

しかし、田実は一向に聞き入れようとしない。

そんなある夜、帰宅しても夫人の出迎えがなかった。そして玄関に置かれていたの

が、

「君は君、我は我なり、されど仲良き」

という武者小路実篤《むしゃのこうじさねあつ》の言葉を書いた色紙だった。

なかなかの粋人《すいじん》の田実は、かつて、新入行員教育の講師に、料亭の女将《おかみ》を加えよ、と本気で主張した。彼女らは商売柄《がら》、したたかな人間観察眼をもっているからである。

残念ながら、それは実現しなかったが、田実は頭取時代、新入行員へのあいさつで、次のように述べている。

「学校を出て恐らく諸君がヤレヤレと思われたことの一つは、試験がなくなったことかと思います。しかし、人から信用されるという意味では、今後、毎日毎日が試験を受けているのと同じとも考えられるのであります。そして、この実社会における毎日の試験に及第するためには特別な方法はないのでありまして、常に誠実に正直にごまかしをせず、本気でことに当たるほかはないのであります」

確かにそのとおりだろう。そして、この実社会の試験で厄介《やっかい》なのは「及第点」が決まっていないということである。

各会社、各上司、また各場合によって、これが違う。しかし、フレッシュマンは失敗を恐れず、トライアル・アンド・エラーでそれを覚えていくしかない。

田実も、新人のころの思い出をある雑誌に書いたら、つけられた題名が『恥と悔恨《かいこん》の歴史』だった。

田実の最初の失敗は、紛失届の出ている小切手に支払いをしたことだ。

幸い、この時は係長が取引先をよく知っていて、ことなきを得たが、さすがに冷や汗が出たという。フレッシュマン時代にかぎらず、田実のあわて者ぶりを示す逸話は少なくない。

甚《はなは》だしきは、料亭で他の座敷に間違って入り、見も知らぬ人たちと酒をくみかわしていたというのもある。

あるいは茶色の靴《くつ》で出かけたのに、白い靴を履いて帰り、その白靴をさがして大蔵大臣だった福田赳夫がやきもきしていたという話もある。

些事《さじ》にこだわらないのかもしれない。

「三菱という名前は、事業を進めるうえに非常なメリットがあることは確かだ。しかし、本当は三菱の名が捨てられるような時代のくるのが最も望ましい。この考え方は私が生きていくうえの基本となっているようだ」

一九八二（昭和五七）年八月一九日、八〇年の生涯を閉じた田実は、生前、こう語っていた。

だが、「三菱の名が捨てられる時代」は来ていない。

政治との接近

たとえば、戦後の日本の財界団体（経団連、日経連、日商、同友会など）の長には、財閥系の経営者はならないという不文律のようなものがあった。

しかし、財閥解体の後、徐々に力を盛り返してくるとともに、特に三菱グループの経営者が財界の主導権を握るようになってくる。

財界ではないが、一九六四（昭和三九）年に、田実の前の三菱銀行頭取、宇佐美《うさみ》洵《まこと》が日本銀行総裁に就任したのがその皮切りである。

その後、昭和四〇年代に入って、牧田の前の三菱重工社長、河野文彦が経団連の副会長になり、藤野忠次郎も東商副会頭になった。

そして、日経連の会長に、三菱鉱業セメントの大槻文平がなって、財界団体の長は電力や新日鉄等の独立系企業からという〝不文律〟は破られた。

財界団体の前面に、三菱グループの経営者たちが出ていくということは、つまり政治との距離、あるいは国家との距離を縮めるということである。

国家が近づいたのか、三菱が近づいたのか、あるいは両者ともに相寄ったのか、私は知らない。大槻文平は一九七九（昭和五四）年に日経連の会長になり、そしてまた、「金曜会」の代表世話人になった時、インタビューに答えて、こう語っている。

「三菱は大所帯のグループであるというだけで世の中の誤解を受けることも多い。そうでなくても、三菱は独善的だとか、閉鎖的だなどといわれ、悪いイメージを持つ向きだってまだある。私は正当に評価される三菱というか、開かれたグループのイメージづくりに役立ちたいと思う。もっとも近年、藤野前代表が商工会議所の副会頭を、私が経団連（副会長）や日経連の仕事をするなどで、だいぶ見方は変わってきたと思う」

ただ、この場合、問題なのは、世の中が三菱に対して悪いイメージをもったとして、それが「誤解」なのかどうか、ということである。

たとえばこの発言の五年前の、一九七四（昭和四九）年の参議院選挙で、三菱だけではないのだが、三菱グループは郵政官僚の坂健《さかたけし》を推して、派手な選挙運動を展開した。

いわゆる「企業ぐるみ選挙」である。

この時、三菱では、かつて、岩崎小弥太が出した「役員職員の政治不関与に就いて」という通達の意味が問題となった。

小弥太の通達は、一九四三（昭和一八）年三月、当時の三菱重工業社長、郷古《ごうこ》潔《きよし》が東条内閣の顧問になった時、小弥太がそれを怒って、郷古を会長に祭り上げたうえで出したものである。

それには、「我が三菱に在職するものは、その役員たると職員たるとを問わず、常に既定の方針に率由《そつゆう》し、断じて各般の政治的活動に関与し、または類似の団体に参画するなからんことを要望す」とある。

ほぼ三〇年後に、これが問題になって、三菱銀行会長だった田実は、それをこう説明した。

「みんなひどく勘違いしている。政治不関与というのは『社員は政治不関与』なんだ。『お前たちは関係する必要はない。オレがやるんだ』ということで、憲政会は全部まかなってきた。岩崎家ぐらい政治と密着してきた財閥はないですよ。ムコさんの加藤高明《たかあき》（岩崎弥太郎の女婿で憲政会総裁）を出して、金も全部まかなって……。岩崎家がなくなったから金曜会自身が岩崎家であるべきなんだ。経団連や商工会議所に副会長を出し、それぞれ審議会に委員を出しているのもそれなんだ。三菱が全然関与しなければ、なんにもできないということでもある。三菱出身の政治家もいるし

……」（『サンケイ新聞』一九七四〈昭和四九〉年五月一五日）

前記の田実の「三菱の名が捨てられるような時代のくるのが最も望ましい」という言葉と矛盾するようにも思えるが、この〝矛盾〟にどう橋を架けるかが、これからの三菱グループおよび三菱マンに負わされた課題とも言えるだろう。

奥村宏《ひろし》は「三菱の思想」をも問うたその著『三菱』（ダイヤモンド社）の中で、当時の三菱電機社長、高杉晋一の言葉を引いている。

「他の財閥についてもいえることだが、三菱は戦争のたびに大きくなった。第一次大戦では軍需で多大の利益をあげた。その反動がきた大正九年の大恐慌《だいきょうこう》では、弱小財閥が軒並みつぶれたのに反し、三菱は資本を蓄積して銀行部や営業部などの各部を株式会社組織に改めてこれに備えたので、微動だにしなかったばかりか、逆に伸びたのだった。また、第二次大戦でも大量の軍需をまかない、企業としては大幅な拡張をみたが、終戦と同時に財閥解体のうき目にあい、ついに崩壊するかにみえた。けれどもその組織と人材とはほろびなかった。そして今日では三菱グループとして各社が互いに資本、技術を提携して産業界の大きな勢力になってきている。おそらくその規模は戦前の何倍かになっているであろう。つまり三菱財閥は国家の興隆とともにあったのだ」

　宇佐美洵が戦後初の民間出身日銀総裁となった時、同じくこの椅子を望んでなれなかった住友銀行の頭取、堀田庄三は絶句したと言われる。この人事は佐藤栄作首相の時に実現したが、前首相・池田勇人からの申し送り事項だった。直接的にこれを決定したのは、引き続き大蔵大臣となった田中角栄である。

　この日銀総裁人事ほど三菱の底力を見せつけたものはなかった。堀田ではなく宇佐美に、となったのは、バックのグループの力の差による、と取り沙汰されたからである。

　否応《いやおう》なく「国家（政治）」と結びつき、巨大化していく三菱に、つねに革新のエネルギーを吹き込む男《リーダー》は、陸続としてこれから現れるだろうか。

2 三菱グループの求心力と遠心力

揺らぐブランド

三菱グループの中心は、三菱重工、三菱商事、三菱銀行の、いわゆる〝御三家〟である。これに三菱電機を加えて〝御四家〟という向きもあるが、この御三家が揺れたことがあった。

重工は造船部門などからの二五〇〇人もの他部門への配転を決めたし、商事は売上高が業界のトップから五位への転落が明らかになると同時に、近藤健男《たけお》新社長が急死するというダブルショックに見舞われた。

そして銀行は、ようやく伊夫伎《いぶき》一雄が頭取になって、さあこれから革命的改革だと重い腰を上げた途端に、有楽町支店前の路上で三億三〇〇〇万円もの現金を強奪され、そのズサンな管理態勢が明るみに出た。

これに三菱発展の中核を担った高島炭礦《たんこう》閉山のニュースを加えれば、三菱の屋台骨が揺らいでいるような感じさえ受けた。

グループのある中堅社員は、

「評判がいいのは外国と飲み屋でばかりですよ」

と冗談めかして言っていたが、果たして実態はどうなのか。

一九八五(昭和六〇)年夏、ロンドンで、"THE METROPOLITAN MIKADO or The Town of Mitsubishi"という諷刺劇《ふうし》が上演された。

これは、一九九六(平成八)年に経済失政によってサッチャー政権は日本の影響下におかれ、ロンドンは三菱市に名前を変えるという設定のドラマである。

ミツビシは、やはり、ジャパンの代名詞なのだ。

その代名詞が代名詞であることを放棄せざるをえなくなっている。

ところで、三菱グループの主要二八社(三菱化成、三菱自動車、三菱金属など三菱の名を冠した冠称会社と、東京海上、麒麟麦酒《キリンビール》、日本郵船、日本光学、明治生命など三菱の名を冠していない非冠称会社がある)のトップで構成される金曜会は、一九六〇(昭和三五)年に再整備され、初代の世話人代表に当時の三菱商事社長、高垣勝次郎《たかがきかつじろう》がなった。

以後、商事社長の荘清彦、重工会長の藤井深造、銀行頭取の田実渉、商事会長の藤野忠次郎と続いて、一九七九（昭和五四）年に三菱鉱業セメント会長の大槻文平が就任する。

重工、商事、銀行の御三家以外のトップがはじめて世話人代表となったのである。

この背景には、商事会長の田部文一郎と銀行会長の中村俊男の角逐があった。とりわけ中村は評判が悪く、中村の就任を阻止するために、あえて長老の大槻をもってきたともいわれる。

その時の理由が、大槻は「思斉寮」出身者だからというものであった。

思斉寮とは、三菱の始祖・岩崎弥太郎の弟、弥之助の長男である小弥太が、若手社員の連帯感を育てるために設けた寮で、ここから高杉晋一（のちの電機社長）、千金良宗三郎（のちの銀行頭取）、牧田与一郎（のちの重工社長）、そして藤野忠次郎、大槻らが巣立っていった。その後、まもなく寮はなくなったが、大槻は最後の出身者だというのである。

しかし、大槻が五年この座に坐《すわ》った後、一九八四（昭和五九）年に、ついに中村が世話人代表となる。

金曜会には相談役でなく、現役の社長か会長が出席するという不文律があり、中村はどうしてもこの代表になりたいがために、会長の椅子に固執して、銀行の若返りは大幅に遅れた。

一九八六（昭和六一）年の春からは重工会長の金森政雄にバトンタッチされているが、中村と銀行で同期だった三菱油化会長の黒川久《ひさし》といい、銀行出身者にはポストに固執する人間が多いようである。

こうした体質を反省してか、八六年にようやく銀行に広報室が設置された。そして新頭取のもと、「伊夫伎革命」などと騒がれていたが、私はこの稿のための取材を八六年九月末に申し込み、広報室から、

「頭取は一〇月、一一月と忙しくて時間がとれません」

という返事をもらった。

これが開かれた銀行をめざす新頭取の下の広報の対応だろうか。これでは、頭取がいくら笛を吹いても下は踊らずの結果になると思われる。

当時の金曜会世話人代表、金森政雄は、私とのインタビューで、

「要は大事なときに助け合うかどうかで、親睦《しんぼく》だけではすまないでしょう」

と語った。

また、かつて藤野忠次郎がグループ結束の意義を問われて、「入れてくれというのはあるけれども、出て行くというのはおらんよ」と答えたのを覚えていると金森は言

ったが、グループの中で、銀行に対する不満の声は少なからず聞いた。

すべてオフレコだったので、グループ首脳の回想録の中から、二つ引いておこう。

一つは、田部文一郎三菱商事元会長の『幾山河』（実業之日本社）に書かれているエピソードである。

一九四七（昭和二二）年七月三日、GHQの命令によって解散させられた三菱商事は、散り散りになって、生き延びようとした。この通達は、解散後は、旧三菱商事の社員は一つの会社に一〇〇人以上集まってはならず、支店長または部長以上の職にあった者は、一つの会社に三人以上集まってはならないという厳しいものである。

それで、田部は仲間とともに新日本通商という会社をつくることにし、解散の翌日、三菱銀行へ融資を申し込んだ。

「今度新会社をつくるが、いままでと同じ仕事で、メーカーも担当者もかわらない。発注先も調達庁でつぶれる危険もない。メーカーへの前渡金として、いままでと同じ割合でカネを貸してもらいたい」

田部がこう言うと、担当者に、

「あなたはもう三菱商事の人じゃないでしょう。三菱商事でないあなたにそう簡単にカネを貸すわけにはいきません」

と言下に断られた。

その担当者は田部の学校の後輩で、昨日まで田部たちの持ち込んだ手形で、相当の便宜を受けたことなど、まったく忘れたかのような態度である。

田部はカッとなって、

「きのうまで同じ三菱の仲間だったじゃないか。解散したとたんに、そんなけんもほろろの態度がよくとれるな。同じ三菱でも、銀行は解散させられずに、こんなりっぱな建物にいられるだけでも幸せだ。もとの仲間にもう少し同情的な対応はできないのか」

と大声で嚙みついたが、

「何といわれようと、あなたに貸すわけにはいきません」

と言われた。

それで、思いあぐねて東京銀行にいる東京商大の同級生に頼んだら、何と貸してくれるという。

その返事をもらって、再び三菱銀行に行き、

「あなた方はまったく情けない。同じ三菱の人間だった者に、他人よりも冷たい仕打ちをした。私は東京銀行で貸してもらったから」

と言ったら、

「本当に貸したんですか、本当ですか」

と確かめた上で、

「うちでもご用立ていたします」

と態度を一変させた。

田部は、もちろん、この「豹変《ひょうへん》」を責めてはいないが、解散の翌日に断られたことは、およそ四〇年経ったいま思い出しても「涙の出るほどくやしい思い」だという。

もう一つ、日本郵船の社長をした菊地庄次郎の『私の履歴書』に、三菱銀行の陰険さを浮き彫りにした話が載っている。

戦後まもなく、菊地が郵船の営業部の副部長をしていた時、のちに日本銀行総裁になった三菱銀行常務、宇佐美洵から呼び出しがきた。銀行とは直接関係のない自分に何の用だろうと、首をかしげながら出向くと、一対一の席で、まず、

「経理部から毎月末に同じような赤字の弁解を並べて、融資を頼みに来る。先行きの見通しのない融資はこれ以上継続できない」

と一喝《いっかつ》された上で、

「どうするつもりか君の意見を聞きたい」

と言われた。

それで菊地は、

「今、航権を復活しておかないと戦前の資産が死んでしまう」

と説明して、納得してもらったという。

そして後年、取締役になって、すでに銀行の頭取になっていた宇佐美にあいさつする機会があったので、当時の事情を尋ねると、宇佐美は、

「銀行がスパイを郵船内部に放って、見通しを語れる者を探したら君だった。銀行は重要な融資先の重大なピンチには、そういう非常手段に訴えるのだ」

と菊地に言ったとか。

こうした慎重さのわりには、巨大な三菱グループをバックにしながら、三菱銀行はトップバンクではなかった。二位でも三位でもなく、第一勧銀、住友、富士などの後《こう》塵《じん》を拝していたのである。

ただ、三菱であるがゆえに、宇佐美は日銀総裁となった。戦後、民間銀行出身者で日銀総裁となったのは宇佐美だけであり、戦前に遡《さかのぼ》っても、やはり、三菱からの三人が他のグループを引き離している。

企業ぐるみ選挙への抵抗

ところで、グループの三八社で組織する三菱広報委員会というのがある。一九六四（昭和三九）年秋、「三菱グループと社会の相互理解を深めるため」に設立されたこの委員会は、年間五億円の予算で「三菱系企業、三菱グループ各社のイメージ向上を図り、社会の発展に貢献することを目的とする様々な活動」を展開している。

会長には代々、三菱商事の会長がなっているが、その商事の広報室長、中村純一は、

「かつてあったグループの求心力が、いまは遠心力に変わっている」

と語る。

「大きいことはいいことだ」とばかりに「世界の三菱」を謳《うた》っていた頃は、勢いがあり、求心力で盛り上がった。それが大企業批判の高まりとともに、急速にその力を失っていく。当時、香港《ホンコン》やシンガポールなどに三菱マークの大きなネオンサインを建設中だったが、途中でそれをやめることになり、一度も灯《とも》さないままに取りはずしたりもした。

企業批判を呼ぶ契機としては、一九七四（昭和四九）年夏の「企業ぐるみ選挙」と

いうのがあった。当時の自民党総裁、田中角栄が企業にカネだけでなく、票と運動を要求し、三菱グループも、坂健という候補を応援したのである。

これには、金曜会でも批判があったというが、同候補の後援会長となった三菱電機会長（当時）大久保謙《けん》は、それに対し、

「そんなことをいうのは、三菱エリートではない。大バカ者です。保革逆転して、共産党が自衛隊や警察を自由に使えることになったら、どんなことになりますか」

と恫喝《どうかつ》した。

事実、グループ各社では「われわれ三菱グループをはじめ、同志一同、火の玉となって勝利を勝ちとらなければならない」といって〝出陣式〟をやり、部課長で手分けしてポスターを貼《は》って歩いたといわれる。

清水一行の『企業爆破』（青樹社）は、この時のありさまを描いた小説だが、「千代田財閥グループ」の「千代田電機」に、選挙運動用に一〇名の社員から成る総務部文書三係が新設され、下請会社に票のとりまとめを押しつけるなど、〝社命〟によって選挙運動をする記述は、ほとんどノンフィクションだろう。

しかし、堅く踏んで七五万、フル回転すれば一五〇万と読んでいた票は、候補者の知名度の低さもあって五一万票余りで落選（参議院全国区）した。

その後、この「文書三係」のメンバーは「企業ぐるみ選挙」への批判が高まったこともあって、社内でも厄介視《やっかいし》されることになる。

清水は、こうした企業の横暴ぶりが同じ年の夏の三菱重工ビルなどの「企業爆破」につながったと筋を運びながら、メンバーの一人に、

「政治的な主張、つまり良心というか、心までを、わたしたちが支配し買うことはできないんです。社員の心を支配できると過信し、錯覚したのは、千代田グループの首脳たちじゃないんでしょうか、どうしてわたしたちが、その責を負わなければならないのでしょう」

と言わせている。

事実、一九七四（昭和四九）年七月一日朝、三菱系企業で働く中堅社員グループが「もう黙っていられない。だれを選ぶかは私たちの自由だ」として、次のようなビラを、出勤する三菱マンに配ったのである。

〈三菱グループ各社にはたらくみなさん！　いま、三菱グループは、なりふりかまわず「金も、人も、票も」という企業ぐるみ選挙活動をおこなっています。

自分もイヤだが上からいわれるので……。

部課長以上がいやおうなく後援会支部長とされ、関連・系列企業まで選挙活動にか

りたてられています。もちろん部課長のみなさんがご自分の意思、考えでどの党を支持し選挙活動をするかはまったく自由ですが、実状はどうでしょうか？

ある部長は、部下の女性に「後援会員になるよう氏名を書いてくれ」とたのみ、「なぜ書かなければいけないのか」と断られると、「自分も嫌だが上からいわれてやっているのだ」とこたえています。

ある課長は「自分はいままで別の党に投票していたが、今回は止《や》むを得ずいれる。家内を説得するのに苦労した」と嘆いています。

ある社員は、名前を書くまで部長がとなりに立っているので書かざるをえなかったといっています。

また選挙のために社員を後援会事務所に出向させたり、選挙のために出張させたり、女子社員に宛名書きをさせたり、人も金も使いたい放題で、まさに〝企業ぐるみ〟です。

私たちは、このような〝企業ぐるみ選挙〟活動をまのあたりにみて大きな不安と憤《いきどお》りを覚えます〉

これは三菱グループの求心力と遠心力のきしみの中で起こったことだろう。しかし、大久保謙など、三菱の一部のトップが「求心力」を働かせようとしてやったかもしれないこの一件は、逆に、遠心力を強める作用をしたのではないか。

三菱グループのみで明白となったこの造反は、何を統一してはならないかを考える上で、重要な教訓を含んでいるように思われる。

もう一つ、グループのタカ派経営者の〝勇み足〟として、三菱樹脂・高野達男事件がある。

一九六三（昭和三八）年春、東北大学法学部を出て三菱樹脂に入った高野は、試用期間が終わる直前、

「君は入社の際の身上調書に書くべきことを書かなかった」

として、総務部長からクビを言い渡された。結局、高野は将来、組合運動などを一生懸命やるかもしれないと見なされて、同期入社生の中でただ一人、クビを宣告されたのである。

下駄《げた》屋をやりながら苦労して息子を大学にやり、選挙では、永年、自民党の議員のための運動をやってきた高野の父親は総務部長と会い、「クビだけは撤回してほしい」と頼んだ。

これに対して、司法試験を受けるなら経済的な面倒はみるなどという会社に、父親は怒りを爆発させ、

「あなた方はあまりに手前勝手だ。甘いエサで人をつろうというやり方は卑怯《ひきょう》というものだ。司法試験を受けさせるなら、私たちは誰の世話にもならず自分たちでやる。間違ったことをやっても、すべてカネで決着がつくと思っているその思い上がった態度を私は許すわけにはいかない。それにクビを切る時も保証人である私に一言の相談もしないでやった。またこんなに誠意をつくして頼んでも、はっきりした理由すら言わない。私はどう考えても息子の言いぶんが正しいと思う。私たち一家はなけなしの財産をなげうってでも最後までたたかう」

と言った。

それから、和解による職場復帰まで一三年。その間、会社は高野の支援者に対しても激しい圧迫を加え、ついには三菱樹脂労組の支援も打ち切られることになる。

しかし、最初に「おかしい」と言って立ち上がった同期入社生をはじめ、元軍人の父親にビンタを食らっても支援をやめなかった女性などがいた。

そうした人たちに励まされながら、高野は最高裁で次のように述べたのである。

「二二歳で解雇された私は現在三三歳となり、私の青春時代は文字通り、不当解雇反対闘争の中で過ぎ去りました。

私は確かに会社と仕事をする約束をして入社しました。そしてまじめに働きました。しかし、それと同時に、私は自分の考える自由、良心の自由までも会社に売り渡した覚えはありません。私はロボットでも奴隷《どれい》でもなく、一人の人格を持った人間であります」

ダイヤモンド印の子ども

三菱グループでは、父親が勤めている企業に息子や娘を就職させることはないが、グループの他企業に入れることはよくある。グループ各社で相互に株を持ち合い、役員を兼任し合いながら、子弟も相互に持ち合っているのである。

たとえば、三菱銀行元会長、中村俊男の息子は三菱商事にいるし、三菱商事の元会長、田部文一郎の息子は三菱油化にいる。

また、三菱重工会長の金森政雄の息子は三菱金属と三菱商事にいるのである。

だから、息子が勤めている会社に、父親が〝天下って〟一緒になるといった例も出てくる。

三菱油化の黒川親子がその例で、息子が勤めていた油化に、銀行専務だった黒川久が社長含みの副社長で入り、一騒動も二騒動もあった後で社長となった。

銀行同期の中村俊男がようやく会長を退いた後も、黒川は会長をつづけていたが、油化では、息子は黒川ジュニア、別名〝ジョニ黒〟と呼ばれているという。このジュニアの夫人は、三菱重工の元社長、守屋学治《もりやがくじ》の娘である。

三菱油化は一九五六（昭和三一）年、グループ各社の出資によって発足したが、トップは各社からの寄せ集めなのに、石油化学は花形産業ということもあって優秀な新入社員が続々と入り、「クーデター体質」をもつようになった。それを土壌《どじょう》として、取締役の連判状による社長追放事件が起こったり、派閥争いのあおりを食って解雇されそうになったエリート課長が会社を訴えるといった事件が起きたりした。

これらは、清水一行の『背信重役』（集英社文庫）や高杉良の『懲戒解雇』（講談社文庫）に詳しい。

さて、三菱には「ダイヤモンドファミリークラブ」というのがある。

これは、三菱グループの企業に勤める社員の家族や親戚《しんせき》が三万八〇〇〇円の入会金を払って入会して結婚相手を探すクラブで、一九七二（昭和四七）年一月にスタートして以来、十数年で一三〇〇組を超えるカップルが誕生したという。

年平均一〇〇組から一二〇組。一週間に二〜三組まとまる計算である。これらの、いわばダイヤモンド印の結婚から、どのくらいのダイヤモンド印の子どもが生まれたのか、その資料はない。

クラブの事務局の人によれば、アルトマンシステムなどの営利の紹介業は入会金もヒトケタ高いが、それだけでなく、例外なく登録者は男のほうが多いとか。

ところが、ダイヤモンドファミリークラブでは、男一〇〇〇人に女二〇〇〇人と、圧倒的に女のほうが多いのである。それだけ、スリーダイヤは女性から望まれる〝安全高価印〟なのだろう。

しかし、こうした「近親結婚」は三菱グループの閉鎖性を強め、たくましい〝子孫〟を残すことにならないのではないか。

三菱銀行が中途採用を発表してショッキング・ニュースとなったが、これからは「純血経営」では生き残れないのである。

かつて、田実渉は、

「三菱という名前は、事業を進めるうえに非常なメリットがあることは確かだ。しかし、本当は三菱の名が捨てられるような時代のくるのが最も望ましい」

と発言した。

また、三菱重工の社長をした河野文彦は、グループにこだわっては発展しないといい、宴会などで気をきかしたつもりでキリンビールを持って来られると、わざと、アサヒビールを持って来いなどと言っていたという。

一時、麒麟麦酒をはじめ、東京海上、日本光学、旭硝子と、三菱の名を冠していない会社が好調だとも言われた。

自動車も、スリーダイヤを前面に出さず、MMCで押している。とりわけ、大衆向け商品は、そうしたほうがいいだろう。「三菱ビール」では、キリンのように売れるとは思えないからである。

ちなみに、三菱鉛筆は三菱グループの企業ではない。

三菱が岩崎家の三階菱の紋どころに由来する三菱を名乗る以前に、すでに三菱鉛筆は存在していた。

だから、みだりに三菱の名をつける会社を監視する「三菱商標打ち合わせ会」でも排除できないのである。

ところで、三菱の大衆化、あるいはリフレッシュ化を老害が阻《はば》んでいる。商事のある中堅社員は、

「高度成長期に活躍したと思っている社員は、もう必要ないんです。彼らはまったく商売というものを知らない。それを知らなくとも売れたのが高度成長期なんですからね」

とカゲキな意見を吐いていたが、たしかに、たとえば商事の役員の平均年齢（監査役と非常勤役員を除く）は六〇・二歳と、伊藤忠商事の五七歳より三歳も高く、総合商社九社の平均五八・一歳よりも高い。

彼らはさらに取締役退任後も相談役などとして残り、中村俊男や黒川久のように若い芽を押しつぶしている。

グループ企業のある幹部は、

「財界というのは三菱に対抗してできたものなんですよ」

と言っていたが、たしかにそういえないこともないだろう。

日銀総裁に、民間出身者としては三菱が一番多くなっていることもそれを証《あか》しているともいえる。

経団連会長は三井系の東芝出身の石坂泰三、土光敏夫が目につく。

また、吉田茂から大平正芳までの歴代総理の指南番をつとめ、政財界の導師といわれた安岡正篤は、安岡家が土佐の出身で岩崎家と近かったこともあって、毎年、暮れか年の始めに、金曜会で講義をしていたという。

金森政雄によれば、易学に基づいて、今年もしくは来年はどんな年になるかといった話が多かった。

一九六九（昭和四四）年には、三菱の巨大さが警戒されて、三菱銀行と第一銀行の合併が破談となった。

第一銀行常務として、ワンマン頭取の長谷川重三郎に左遷《させん》されてもこれに反対した島村道康《みちやす》は、

「あの合併を阻止したのは日本経済のためにもよかったと思っています。三菱と第一が合併したら、大変に強力な企業集団ができあがり、その後の日本経済から競争の活力が失われたでしょう」

と語る。

これからの三菱にとって必要なのは拡大ではない。グループに安住することからの脱皮である。三菱銀行もグループ内で十分に商売ができるために、それに安住して〝殿様商法〟の体質を身につけてしまった。一方、そこからのあまりに急激な転換を策して、犠牲を生んだのが東京海上である。

東京海上はその社名が示すように、海上保険からスタートした。しかし、時代の推移とともに、損害保険のメインとする業務も変わり、自動車関連保険がほぼ五割を占めるようになった。

これは、顧客の流れが企業から大衆へ移ったことを意味している。東京海上につい

ていえば、それはまさにコペルニクス的転回だった。

その転回の旗を振ったのが、一九七八（昭和五三）年に社長になった渡辺文夫である。前年の七七年度から三ヵ年計画で「GOGO作戦」と名づけた体質転換運動の大号令をかけた渡辺は、七九年度の新入社員に、こう語りかけている。

「GOGO作戦の意義の第一は、一般に一〇〇年もの伝統を持つと企業は老大国化してきて、組織が硬直化したり、社員も大樹の陰に安住する傾向が出てくるものですが、当社はそうあってはならない。若々しい躍動感あふれる企業でなくてはならない。そこで当社の輝かしい第二世紀を迎えるにふさわしい強靭《きょうじん》な企業体質をわれわれの手でつくろう、ということです。そして第二は、一〇〇周年を迎えるにふさわしい質量ともに立派な業績をあげ、業界の第一人者としての確固たる地位を築こうということです」

これは、それまでの企業相手の営業から、大衆相手の営業への〝転向宣言〟である。

同じ三菱グループの、たとえば日本郵船あたりの社員と洒落た会話をかわしながら船舶保険などを契約していた仕事から、ガソリンスタンドなどをまわり、時にはパチンコの相手をしながら、自賠責保険などの販売促進に精を出す仕事への転換だった。

これは、エリート意識を捨てて泥《どろ》まみれにならなければできることではない。

二位の安田火災に追い上げられて、少なからず焦《あせ》っていた東京海上は、渡辺社長の下、この「GOGO作戦」を強力に進めて行った。その転換の軋《きし》みの中で犠牲者が出る。

一九七九（昭和五四）年の四月から八〇年の二月にかけて、一年足らずの間に四人もの自殺者が出たのである。いずれも、二六歳から三一歳までの若い社員だった。スポーツマンだったことも共通している。

最後の自殺者が出る直前、全日本損害保険労組の機関紙は、

「GOGO作戦完了の年／東京海上で九ヵ月間に三人の青年社員が自殺」

という見出しで、こう書いた。

「戦争に戦死者はつきものである。『企業戦争』が激烈さを増し、社内における『出世戦争』も死闘の様相を呈するとき、〝戦死者〟が出るのは、あるいは当然かもしれない。それにしても、東京海上はいったいどうなっているのだろう」

大転換を迫られているのは東京海上だけではない。三菱グループ全体がそうであり、東京海上はそれを象徴しているともいえる。

3 「人の三井」のドンたち

三井復興事業計画

一九四五（昭和二〇）年八月一五日の敗戦を迎えた時、江戸英雄《えどひでお》は三井本社の総務部次長だった。

当時四二歳で、〝青年将校〟的立場にあった江戸は、戦災から立ち直るための三井復興事業計画を積極的に推進する。三井の総力を結集せんとしたこの計画は、資本金二〇億円を投じて、米一〇〇万石、塩二〇万トンの増産、簡易住宅二〇万戸の建設という具体的な目標まで決まっていたが、GHQの財閥解体指令によって、「計画」のまま終わった。

財閥解体は、商号と商標の使用を禁ずる政令をつくらせるといった細部にまで及び、この政令の施行を前に、財閥系の多くの企業が社名を改めた。

しかし、江戸は、このまま政令が施行されると企業の存立も危うくなると、それを防ぐことに奔走する。首相の吉田茂を通じて、占領軍最高司令官マッカーサーを動かし、ついに政令の施行を延期させることに成功した。

「あれが成功しなかったら、三井や三菱の名前はまったくなくなっていただろう」

と江戸は述懐している。

〽三井やめろよ闇屋《やみや》になれと
今朝も女房が泣いてたけれど
井桁《いげた》マークにゃ意地がある

当時、三井マンの間にこんな唄《うた》が流行《はや》ったが、江戸は〝田舎者〟のもつ向こう見ずともいえるエネルギーで、この意地を貫き通した。

一九〇三（明治三六）年七月一七日、茨城県は筑波郡作岡村に生まれた江戸は、まず言葉からして〝都会人〟ではない。

伊藤肇の『はなしの小銭入れ』（PHP研究所）には、老来ますます、訛《なま》りがひどくなってきた江戸について、次のようなエピソードが書いてある。

江戸は、電話で自分の名前を説明するのに、

「わたす、イドです。イドのイはイド城（江戸城）のイで、土を掘って水をだすエド（井戸）のエではないんすよ」

と大声で言い、聞いているほうが混乱したというのである。

「郷土出身で、都会人と間違えるくらい標準語をしゃべったりする者に対しては、実をいうと、あまり好感をもたないな」

と語る江戸は、かつての苦い経験をオーバーラップさせて、こう言ったのかもしれない。

一九二七（昭和二）年、東大法学部を出て三井合名に入った江戸にとって、会社は決して居心地のよいところではなかった。

たとえば、文書課に入って、常任理事の福井菊三郎の部屋に判をもらいに行った時、

「おい、君」

と呼びとめられ、

「靴が汚い。それから髪には油をつけて、きれいに分けて来たまえ」

と言われた。

福井は物産出身でロンドン勤務が長く、スマートな人間だった。そんな福井にとっ

て、

「山あらしみたいな薄汚い男」（江戸）

が入って来たのは、よほどのオドロキだったのだろう。

三井銀行出身の課長、大島雅太郎《まさたろう》からも江戸は、

「君、少し言葉遣いに注意したまえ。この間、理事会で、最近文書課に来た若い男の言葉遣いが乱暴だと注意された」

と言われている。

江戸によれば、当時、三井本家のことは「お上」と呼んでいたとか。

その頃、三井合名は三井全体の外務省的役割を果たし、いつも内外のお客の接待をしていた。

大がかりな接待の時は、江戸の同僚たちも手伝いに駆り出されたが、江戸には一度も声がかからなかった。江戸は、

「接待などには最も不向きな男と判断されたのだろう」

と自己診断している。

しかし、こうしたある種の〝乱暴さ〟が、戦後の混乱の中では必要だった。

三井に入って以来続けている土いじり（畑仕事）を、敗戦前後の食糧難の時代にも

もちろんやり、ある人から、

「ダンナは力仕事をやっても食えるね」

と言われたたくましさで、江戸は三井グループの再建に邁進する。

そもそも三井グループは、商業資本を中心として発展してきたので重工業分野に弱かった。そのため、戦時中は苦しい立場におかれたが、戦争が終わって、江戸は「こんどは三井の番だぞ」と思った。

その当時の認識を、江戸は安藤良雄編著の『昭和経済史への証言』(毎日新聞社)で、こう語っている。

「満州事変ごろから三井は平和主義とか自由主義とか親米主義とかいわれ、軍や右翼あたりからとかく白眼視され、事業面でも満州や華北からしめ出されるとか、いろいろと圧迫を受け、他の財閥から追いつかれてきたわけです。事実もともと商事・金融が中心であり、平和産業の面では大きな力を持っていましたが、軍需産業面では化学兵器産業にずばぬけたもの(三井化学)があるだけで、そのほかは極めて弱かったのです。遅ればせながらアルミ事業、航空機工業、工作機械工業などに手をつけはじめていたときに終戦となったわけです。

その時に考えたことは、こんどはこっちの番だ、国の復興、再建する平和産業は三井が得手《えて》とするところだ、米英のほうの風当たりも悪いことはあるまい、万事やりよくなることだろうと、非常に甘く考えていたわけです」

しかし、江戸の予想を裏切って、戦後の日本経済は一段と重工業化を進め、三井グループは大きく後れをとっていく。

それは、江戸がグループの中心とはなりにくい不動産を率《ひき》いていたということも原因していただろう。

中心となるべき三井銀行のリーダー・佐藤喜一郎は、超合理主義者として、「財閥がなくなった以上、昔の仲間だけでやることはない」と、グループの結集に消極的態度をとった。

また、後に述べる三井物産の水上達三《みずかみたつぞう》もグループにこだわる閉鎖的な事業活動を排して、融資も三井銀行からだけでなく、富士銀行からのそれも拡大させた。

ワンマン・佐藤喜一郎

それでは次に、佐藤喜一郎について述べよう。一八九四（明治二七）年一月二二日、横浜に生まれ、一九一七（大正六）年に東大法科を出て三井銀行に入った佐藤は、一九四六（昭和二一）年に帝国銀行頭取となり、のちに三井銀行社長（三井銀行は「頭取」といわず、社長と称する）となって以来、長く、同行に「佐藤時代」を築いた。並ぶ者なきワンマンとしての実力に裏打ちされていた。

それは国際派財界人としての実力に裏打ちされていた。

石坂泰三が経団連会長の頃、チェース・マンハッタン銀行で社外重役として役員会でドルについての話をしてくれと頼まれた時、国鉄総裁もやった物産ＯＢの石田禮助と、三井銀行相談役になっていた佐藤喜一郎のところにレクチュアを受けに行ったといわれる。

その時、佐藤は、

「為替相場は元来自由であるべきで、固定させたらおかしくなる。商売はそのことを前提にしてやるべきだ」

と解説したとか。当時は「固定」が通り相場で「自由」という柔軟な考えを示す者はほとんどいなかった。

佐藤のこうした感覚は「西洋人を見ても不思議に思わない環境」の横浜に生まれ、三井銀行に入ってから二八年に及ぶ海外生活を経験する中で育《はぐく》まれたのだろう。

一九八一（昭和五六）年、「ミスター目刺し」の土光敏夫が、行政改革のための「臨時行政調査会会長」として脚光を浴びた。この調査会は後に「第二臨調」と呼ばれたが、「第一臨調」の会長が佐藤喜一郎だった。

海外の行政事情に明るいことから、この役割を振られた佐藤は、一九六四（昭和三九）年秋に、これだけを確実に実行すれば中央省庁の部局は半分にすることができるという答申を提出したが、結局、実行されなかった。

それから二〇年も経って、また〝リンチョー〟が設けられ、同じような〝劇《ドラマ》〟が繰り返されんとしている。

佐藤はその後、一九七三（昭和四八）年に「産業計画懇談会」の代表世話人として、思い切った提言をした。

さまざまな反発も呼んだこの提言の真意を、佐藤は次のように語っている。

「われわれとしては、現在わが国が直面している最大の危機感として、まず〝資源と公害〟を取り上げたわけです。それは、たとえば電球一つ作るにしても、二年も三年ももつような電球を作るな、それでは売れない、といったような考えを改めなきゃいけないわけだな。だから自動車のモデル・チェンジなんてものは、よせ。よく考えると、自動車だけがモデル・チェンジしているのではなくて、ほとんどあらゆる商品にモデル・チェンジの考えが加味されているわけだ。買い替えさせようとか新しい魅力を与えて前のやつを捨てさせようとか、それがメーカーのねらいですわね」

この佐藤は、一九七四（昭和四九）年、ちょうど八〇歳で亡くなったが、一九四六（昭和二一）年から一九六八（昭和四三）年まで二〇年余りにわたって三井銀行を実質的に支配した。社長を退いたのは一九五九（昭和三四）年だが、ガッチリと実権を掌握《しょうあく》していたのである。

佐藤の後に社長となり、全国銀行協会の会長もつとめた柳満珠雄《ますお》について、当時の富士銀行頭取・金子鋭《とし》は、読売新聞社編の『日本の人脈 財界』で、

「柳が会長として何かを提案しても、われわれはそれが果たして柳から出たものか背後の意向によるものかを識別してかかる必要があった。そのために柳の提案がメンバーから反対されるケースが多かったのは気の毒だった」

と語っている。

「背後の意向」が佐藤を指すことは言うまでもない。

そんな佐藤に、若僧の分際《ぶんざい》で盾を突く男が現れた。ある行内の会合で、

「何も佐藤が絶対的な存在ではない」

と発言したのである。

この話はたちまち銀行中にひろまり、その男は佐藤から、「自宅へ来い」と言われた。

のちの社長、小山五郎である。

クビを覚悟で自宅を訪ねたら、佐藤は逆に歓待し、以後、小山は佐藤によって引き上げられることになる。佐藤は、ワンマンの自分に直言するような男を求めていたのだ。

その条件に、幼時から〝ケンカ五郎〟と言われた小山はピッタリはまったわけである。

小山五郎の詩心

一九三二（昭和七）年に東京帝国大学経済学部を出て三井銀行に入った小山は、本店貸付係長の時、〝ケンカ五郎〟の面目を発揮した。

三井グループの東芝の争議が数次にわたって繰り返され、東芝の組合ではついに「会社が首切りや配置転換を撤回しないのは、バックの三井銀行が強硬だからだ」と、銀行に攻撃をかけてきたのである。

金融資本の横暴を非難する東芝の組合幹部に対して、小山は逆に「金融資本の定義をはっきりさせろ」と反撃し、金融資本とはという演説をした。

これには組合幹部も脱帽し、小山五郎の名は、一躍、三井グループに知れわたった。

それも道理で、小山は東大時代、かなりのマルクス・ボーイだったのだ。

『エコノミスト』誌に連載された土屋喬雄《たかお》東大名誉教授にきく「社会科学五十年の証言」に、学生時代の小山（当時は養子に行く前だったので大島）が次のように語られている。

聞き手の安藤良雄教授の、

「ことに先生の第一期の演習生から非常に有名な方が出られたわけですが、昭和一二年にまとめられた、先生が編・著者となっておられる『日本資本主義史論集』の付論には小山五郎さんの論文がありますね。『徳川時代桐生《きりゅう》織物業の史的研究』という論文で、大島五郎氏という名前で出てくる。これは先生のゼミナールのリポートですか」

という質問に、土屋名誉教授は、

「そうです。小山君も非常によく勉強した。あの人は歴史が好きでしてね。また油絵も上手な人で、文化人ですね」

と答えている。

そんな小山が三井銀行に入ったのは、「金融資本の総本山を解剖してやろう」という気持ちからだった。しかし、最初の赴任地大阪で徹底的に幻滅させられる。

薄暗い地下室で、損札、損貨の整理、区分けをやらされたのである。汚れた損札のシワを一枚一枚手で伸ばし、裏にパラフィン紙を貼って五〇枚ずつ束にしたりする。

夜は大原社会問題研究所に通って勉強を続けていたが、銀行でこんな仕事ばかりやっていると、「何のために大学で勉強したんだ」と思って情けなくなった。

そんな憤懣《ふんまん》がたまっていたためか、赴任してまもなく、出納課長に生意気なことを進言した。

その日、夜の八時になっても、みんな帰らないので、どうしたのかと先輩に聞いたら、勘定が二銭足りないのだという。当時でも大した額ではない二銭くらい、誰か出せばいいではないかと思って、出納課長にそう言ったら、こっぴどく叱《しか》られた。

「銀行には絶対にマチガイがあってはならない。どんなに小さなマチガイでも、きびしく追及するのが銀行員のつとめだ」というわけである。

そんなこんなで、小山は「銀行の仕事は自分の性に合わない」と思い、大学時代の恩師のところへ相談に行った。そして、その先生から、逆に、

「一度決心して入った銀行を、一年やそこらでイヤになってやめるとは何事か」

とカミナリを落とされ、考え直して現在に至ったという。

先述したように、小山は一九三二（昭和七）年の入行だが、この年、銀行界には〝花の七年組〟と言われるほど人材が入った。頭取となった人間だけでも、富士の佐々木邦彦、三菱の中村俊男、三和の村野辰雄、第一の長谷川重三郎などである。

また、東大の昭和七年組には、三菱油化元会長の黒川久や、経団連副会長で日本航空の会長だった花村仁八郎がいる。

ちなみに、小山と同じようにマルクス経済学を学んだ花村（大内兵衛ゼミ出身）は、東大時代に留年しており、昭和七年卒業の「昭七会」と、前年卒業の「昭六会」の二つの同窓会の幹事をしている。昭六会には長谷川周重住友化学会長や日向方齊住友金属工業会長らがおり、昭七会のメンバーと併せて、これらの実力経営者と、「おれ」「お前」の仲であることが、〝財界の政治資金部長〟と言われてきた花村の「神通力」の秘密である。経団連の割り当てる政治献金の、いわゆる〝花村リスト〟は、小山たちによって支えられてきた、とも言えるのだ。

ところで、韻友《いんゆう》という言葉がある。評論家の伊藤肇は、「韻友とは詩心《うたごころ》、つまりロマンをもった友である」として、その最たるものに小山を挙げた。

小山の詩心は、作家の山崎豊子によっても、次のように〝証明〟されている。

「小山さんは（山崎豊子作『ぼんち』の）お福の酒の飲みっぷりは、すっと虹《にじ》がたつようだネ、とおっしゃった。私は『虹がたつ』とは書いていないわけです。小山さんのほうが、ずっと詩人だと思いました。小山さんのこの言葉は、私はよう忘れませんネ」

宴席で画伯級の腕を揮《ふる》って牡丹《ぼたん》を描き、「故園渺何処《びょういずく》」と自讃《じさん》したり、美妓《びぎ》を写生して「一香圧万紅」としゃれたりするという粋人ぶりを伝えるエピソードにはこと欠かない。

以前訪ねた時も、私は経営の話はそっちのけで「歴史の読み方」の話を聞いた。

かつて、マルクス経済学を学んだ小山は、現在は勝海舟の著作などに親しんでいるのだが、いわばマルクスからツヴァイクへ「歴史の読み方」が変化したのではないかと不躾《ぶしつけ》に尋ねると、

「敗戦という大きなマイナスの事態にぶつかって、これからどう立ち上がるべきか。産業界の一員として何百万の帰還兵を迎えなければならないし、これは学問とかを超越した大きな社会的試練だと考えたわけです。

アメリカが占領の主体となり、アメリカ自身も資本主義社会である限り、資本という観念を捨て去ることはありえないはずだ。それならば資本の集積なくして経済の回復と発展はありえないだろう。また、資本の集積は、日本の体質や風土に合ったもの

でなければならないのではないか。

現在も『大変だ、大変だ』と言うけれども、その時代の時代感覚からすれば、いま際会していることが一番大変なことなのであって、歴史をふりかえってみても、現にわれわれは何度もそれを切り抜けてきている。恐怖感がみなぎっている中でも、われわれは歩いていかなければならないが、緊張していては歩いていけない。歯をくいしばらなければならないほど大変な時だからこそ、ゆとりを求めることが大切なのではないか。

われわれには先験的に暗黒に対する恐怖があるのかもしれない。夜中にひょっと目が醒《さ》めて考える時には、悪い方へ悪い方へと考えが走る。走りくたびれてウトウトして朝起きてタバコを一服すると、何でもないことじゃないか、ということになる。何でもないことでも、暗闇《くらやみ》の中で自分ひとりで考えると、恐怖だけが拍車づけられる。そういう時に出てくる結論は非常に不健康でアンバランスなものです」

先に、三井銀行における「佐藤喜一郎の時代」は一九六八（昭和四三）年まで続いたと書いたが、それは小山の社長就任まで、という意味である。

そして、それから今度は「小山五郎の時代」が続いたと言える。社長も会長も退き、相談役となっても、小山の勢威は衰えなかった。

そのため、三井銀行だけでなく、三井グループ全体の実力者として、たとえば、「北炭夕張新鉱爆発事故」や「イラン・ジャパン石油化学プロジェクト」、そして「三越・岡田茂事件」などに頭を痛めなければならなかった。

その後に遭遇したこうした「事件」を振り返りながら、小山の「歴史哲学」を再読してみると、いっそう興味深いものがある。

小山は帰りぎわ、自分が描いた紅《あか》い椿《つばき》の絵の前で、こう言った。

「どんなに名論卓説であっても、現実の社会に花が咲き実がなるものでなければ、それは紙魚《しみ》に食わせるだけの史料に過ぎません。実行がともなわなければ理論の意味はないのです。そこが、いわゆる学者的な考え方と私の考え方の違うところです。あまりにプラグマティックに考えると、学問は萎縮《いしゅく》してしまうでしょうが、現実社会とまったく遊離した学問はナンセンスです。日本の風土・体質にアプライしうるような理論が必要なのであり、その理論をアプライさせるようにすることがわれわれの任務だと私は思っています」

小山は若い頃、和辻哲郎《わつじてつろう》の『古寺巡礼』を懐に、旅人としての孤独めいたものを感じながら、歴史のふるさとを歩いた。その頃とでは、ずいぶん見方も違っている。

たとえば、勝海舟の『氷川《ひかわ》清話』（角川文庫）を若い頃に読んだ時は、あまり勝に

ゆとりがあるので、

「何んだか人を食ったオヤジだなあ」

という印象を受けたそうだが、それがいちいち頷けるものになっているのである。かつてのマルクス・ボーイで〝ケンカ五郎〟とも言われた小山は、「歴史を批判する立場」から「歴史を生きる立場」へ移行したのだろう。

佐藤喜一郎によれば、佐藤が三井銀行に入った頃、ある人に「東京帝国大学は役人を養成するためにつくられた学校であり、一橋（大学）は三井物産社員をつくるためにつくられた学校だ」と言われたという。

それほどに物産は一橋の卒業生が多かった。物産は日本産業の初期のパイオニアであり、「だから、三井銀行がニューヨークに進出したといっても、実は私なぞ物産の外国為替部の人間になったようなもので、外国為替をはじめ、すべての面で物産が先生であった」と佐藤は述懐している。

その物産の戦後を担ったのが、新関《にいぜき》八洲《やす》太郎《たろう》と水上達三だった。ともにやはり一橋の卒業生である。

物産マンらしさ

一八九七（明治三〇）年四月二日、埼玉県生まれで、佐藤喜一郎より三つ年下の新関は、父親が古河《ふるかわ》の足尾銅山に勤めていたので、一九一八（大正七）年に大学を出るとすぐ古河に入るつもりだった。ところが山下汽船へ入社の決まった友人の誘いで、たまたま山下亀三郎に会うことになる。

「ドロ亀」と言われた山下のユニークな人となりについては、たとえば内橋克人の『破天荒企業人列伝』（新潮文庫）を参照してほしいが、山下は、新関青年が入っていくと、いきなり、

「君はいい耳をしているね」

と言い、ビックリした新関が思わず耳に手をやると、

「それそれ、いい耳だよ、それは。ときに君、体はどうかね」

「痔《じ》があるんです。ついこの間の徴兵検査では丙種でした」

「ほう、君もか。おれも痔があるんだ。痔のあるものは長生きするよ。そりゃあいい、ひとつうちの会社へ来るか」

「いえ、実は私は古河へ行くことになっているんです。きょうお目にかかるのもどうかと思ったんですが、友人があまりすすめるもんで、ほんとうは冷やかし半分に来たんです」

「なに、冷やかし？　そうか。しかし、冷やかし結構じゃないか。商人は冷やかしがなければいかん。だいたいだね、うちの会社は仕事があるから人間をとるというケチな了見じゃないんだよ。君らのような人材を採用して、それから、思うままに仕事を創造してもらうんだ。それでよかったら来たまえ。返事はあした中にもらおう」

こんなヤリトリがあり、新関は結局、山下の最後の殺し文句に参って山下のところへ入った。しかし、所属が山下汽船ではなく山下石炭だったので、まもなく物産へ移る。物産へ入った一橋の同級生のパリやロンドンからの手紙に海外への夢をふくらまされたのである。

そして物産へ入り、マルセイユ支店の会計課で苦労している頃、のちの会長で、当時、ロンドン支店長代理だった向井《むかい》忠晴《ただはる》が出張して来た。新関はその時が初対面だったが、向井は新関が使っているバスルームに入って来て、同室の便所で用を足し、それから、急に新関の股間《こかん》に手をのばして一物をギュッと握った。『私の履歴書』（日本経済新聞社）で新関はこの時のことを回想しながら、「若き日の向井さんの茶目っ気である。それはいいが、おかげで爾来《じらい》ずーっと、私は向井さんに股間を握られているようなものである」と書いている。

山下といい、向井といい、新関にある種の魅力がなかったら、こんなことはすまい。こうしたエピソードは、新関の人間的魅力を表していると私は思う。そして、ちりぢりにさせられた物産を合同させ、ここまで持って来たのは、新関と、そして水上達三だった。

水上は新関より六つ年下で、一九〇三（明治三六）年一〇月一五日、南アルプスは甲斐駒ヶ岳《かいこまがたけ》の麓《ふもと》に生まれた。水上には〝隼《はやぶさ》の達〟というニックネームがある。名づけ親は経済同友会専務理事だった山下静一で、その由来は水上の快足にあるとか。

水上は一九二六（大正一五）年、一橋大学の前身である東京商大の予科時代に、インターカレッジの八〇〇メートルに二分〇秒八で三位入賞した。当時の日本記録より〇秒四しか劣らないという立派なもので、母校にこの記録を破る者が現れたのは一九五五（昭和三〇）年になってからだという。

この水上の記録によって東京商大の陸上競技部は世間に認められ、部員たちは水上に、〝インターナショナル〟というニックネームをつけた。

〝隼の達〟より、こちらのほうが水上は気に入ったようだ。

水上が物産の社長だった頃、物産は三井銀行と富士銀行からほぼ同じくらいの融資を受け、どちらがメインバンクとは言えないほどだった。

「われわれの仕事は何をおいても貿易、とくに輸出を伸ばすことだ。そのためには三井銀行だけを頼りにするといった狭い行き方を捨てるべきだ」という考えからである。〝インターナショナル〟の名に恥じぬ経営方針だろう。

この水上と新関は、のちに対立し、物産のお家騒動と喧伝《けんでん》されたが、物産マンらしく、つねに進取的、開明的な方針をとったことにおいては変わりがない。

激しく対立したこの二人から、同じく可愛《かわい》がられたのが、数奇なビジネス人生をたどった日本ナレッジインダストリ社長・西尾出《いずる》だった。

一九二四（大正一三）年、東京に生まれた西尾は、敗戦直後に父親に病死される。だから、東京工大に入ってもアルバイトの連続という学生生活を送った。週に三日は朝八時から夜一一時まで食事抜きで家庭教師。残りの三日が勉強と実験と、夜は遅くまでダンスをやった。

本当によく働き、よく学び、そしてよく遊ぶ生活だったが、おかげで結核にかかってしまう。

そのため卒業しても第一志望の東京電力には入れず、教授の紹介で、当時、解体されていた三井物産の一つ、第一物産に入った。

入社二〇日足らずで発病し、一〇ヵ月ほど休職したりしたが、機械部の電機課に配属されたこともあって、コンピューターに興味を持ち、一九五五（昭和三〇）年頃から、「これからの日本は情報でなければ食えない。ソフトウエアを開発して紙と鉛筆で食おう」と思うようになる。

いわば〝情報立国宣言〟である。三井グループは銀行を中心とした資本系列でなく、情報を系列化したシンジケートをつくるべきだ、とも説いた。

しかし、西尾のこうした思い切った提言は、新関や水上ら、「スケールの大きい人物」（西尾）にはわかってもらえたが、銀行の実力者たちからは、若僧が何を言うか、と反発を食った。

それは物産内部にも及び、西尾に好意的な重役までが、「君ぐらい評判の悪い男はいないね」と洩らす始末だった。

資本によって結びつくのではなく、情報によって三井グループが結びつくべきだとする西尾の大胆な提案は、理解されるには大分早すぎたのかもしれない。

西尾は、しかし、社内外の反発にめげず、一九七〇（昭和四五）年に三井グループ一九社の共同出資による三井情報開発（ＭＫＩ）を設立させる。

そして、またたく間にそれを業界二位の会社に急成長させたが、出る杭《くい》は打たれるで、親会社の物産幹部やグループ各社のトップによる西尾批判のボルテージも上がり、その結果、代表取締役専務だった西尾は一九七八（昭和五三）年に代表権を剝奪《はくだつ》される。

こうした仕打ちを受けてなおとどまるべきか、西尾は考えた末に、翌年、五五人の社員とともにMKIをやめ、日本ナレッジインダストリ（JKI）を設立した。

JKIは、五六人の退職金を集めて、資本金七五〇〇万円でつくった会社であり、参加する社員には「年収で二〇パーセント給与がダウンするから家族会議を開いて決めてきてくれ」と言った。

それだけに、一年目で黒字が出た時には、奥さん方を全員招いてパーティを開いたという。

病気をしたにもかかわらず、西尾の物産での出世は異例なほどに早かった。しかし、六〇歳を過ぎてからも、西尾は信じられないくらい若く、スーパー・エリートの〝重み〟はなかった。

城山三郎が書いているように、「若手落語家」といっても通用するダジャレを連発した。

たとえば――、

「一高を受けたのですが、イッコウに受かりませんでね」

三井グループの戦後を担った人物をとり上げてきて、最後に、三井を追われた西尾のことを書いたのは、いささか皮肉に思われるかもしれない。

しかし、私には、三井のカサから離れても立派にやった西尾こそ、「人の三井」を象徴する人物のように思われるのである。

それにしても、三井銀行のドン、小山五郎のその後の老害、老醜ぶりをみると、人間はやはり〝権力の毒〟からは免れられないのだな、と悲しみを禁じ得えない。

第三章

住友の濁流と清流

1　伊庭貞剛から小畑忠良まで

住友の西郷隆盛

日本の公害の原点といわれる足尾銅山の鉱毒防止に、文字通り、その職（国会議員）をなげうち、身体を張って闘った田中正造は、足尾銅山経営者の古河市兵衛《ふるかわいちべえ》や政治家等を激しく攻撃しながら、しかし、住友の別子銅山については、次のように讃美《さんび》した。

「伊予の別子銅山は鉱業主住友なるもの、社会の義利《ママ》をしり徳義を守れり、別子は鉱山の模はんなり」

「これほど説いても判《わか》らぬのなら、渡良瀬《わたらせ》川から鉱毒水を汲《く》んで来て農商務大臣に飲んでもらおう」とまで言った田中をして、この讃辞を吐かせた当時の住友には、〃住友の西郷隆盛《さいごうたかもり》〃といわれた伊庭貞剛《いばていごう》がいた。

「たとえ事業が潰《つぶ》れてしまっても害毒を起こしてはならない」という伊庭の下、住友では別子銅山の製錬所を四阪島《しさかじま》に移転した。そのために二年間、減産をすることになっても、それを決行したのである。

「経済力が全く貧困で、工場の規模など今日とは比較にも何にもならなかった明治二十―三十年代に、単に『公害をなくする』目的だけのためにこれほどの巨費（現在のカネで三〇〇億円余）を投じた伊庭の英断は、どんなに偉大と讃《たた》えても誇張のそしりはないであろう」

と木本正次は『四阪島』（講談社）に書いている。

一八九三（明治二六）年秋、愛媛県新居浜地方の農民二〇〇〇人が煙害に抗議して坐り込むなど、大争議もあって騒然たる中へ、翌年二月、まだ四〇代だった伊庭がその収拾に赴く。叔父の広瀬宰平《さいへい》（初代住友総理事）のバトンを受けてだった。

あるいは生還を期しがたい出発に当たって、伊庭は心の友の峩山和尚《がざんおしょう》に後事を託した。峩山は大きく頷き、「何か山で読むものが欲しい」という伊庭に、『臨済録』一冊を手渡した。「何も読まんほうがいいのだが」と言いながら渡してくれたのが、この禅の本だったのである。

伊庭を迎えた山は殺気立っていた。

しかし、伊庭は格別のことをせず、草庵《そうあん》をむすんで、ただただ、山の散歩と、読書と、そして謡曲に明け暮れた。

そもそも争議の収拾に赴くのに、連れて行ったのは謡曲の師匠ひとり。

散歩は、遠く離れた坑まで出かけ、坑夫たちに会うと、

「やあ、ごくろうさん」

と、にこやかに挨拶《あいさつ》した。もちろん、返礼はない。

一方、血の気の多い者が草庵に押しかけてきて、からんだり、脅したりしても、うるさがらずに相手をした。

不思議なことに、それを繰り返しているうちに、いつしか、山の空気がなごんできたのである。

しかし、伊庭は、決して内面まで「おだやか」だったわけではない。

大阪のある理事に宛てた手紙では、

「小生も独り心痛、意中を明し談ずべき友も得ず、寒灯《かんとう》之下に古今治乱の因果を想起し、人生之果敢《はか》なき有様を嘆じ、独り自ら慎むの外なき事と諦らめ申候《そうろう》」

と、その苦しさを述べている。

五年間で別子銅山を建て直し、二代目の総理事となった伊庭貞剛を、白柳《しらやなぎ》秀湖は『住友物語』で、こう評価した。

「貞剛は人となり寡慾恬淡《かよくてんたん》、気品清曜《せいよう》、故《ことさ》らに営為計画して功を一時に収めようとするようなことがなく、物の自然に成り、事の序を逐《お》うて熟するのを俟《ま》ち、機を逸せず

して必要の施措に出るというのが、その本領であったらしく、維新大変動の際には広瀬宰平の如き営為籌画《ちゅうかく》の人が現れて住友家のために狂瀾《きょうらん》を既倒にかえし、明治二十九年の改革で、住友家が立派な法治国となってからは、その立法の精神にふさわしい伊庭貞剛の如き人が立って、住友家の自然の発育を見守った。殊に友純《ともいと》の継嗣《けいし》によって新に住友家の親戚となった西園寺公は、貞剛と同類同型の枯淡人で外ながら住友家の顧問役となり、住友家の自然発育を見守って行くには、貞剛と最も呼吸の合った人である」

伊庭貞剛自身、司法官からの転身組だが、伊庭は総理事になると、当時、未来の外務大臣とまでいわれた河上謹一を「日本一の高給」で迎え入れるなど、スカウト人事を進めた。

また、伊庭は部下を信頼して、書類にポンポン判を捺《お》したという。

「事業の進歩発達に最も害をするものは青年の過失ではなくて老人の跋扈《ばっこ》である」と喝破《かっぱ》した伊庭らしく、その引退もあざやかだった。老害などという謗《そし》りとは、およそ無縁の人だったのである。

「商売をしてはならぬ」

さて、戦前から戦後にかけて住友が生んだ最もユニークな人物と言っていい小畑忠《おばただ》良《よし》は『平生釟三郎《ひらおはちさぶろう》追憶記』の中で、こう書いている。

「私は産業報国会理事長として平生会長に三年間御仕《おつか》へした。平生さん晩年の御弟子である。大阪の住友に長く在食して居《お》つた関係上、何かの集りに稀に遠くから平生さんの風眸《ふうぼう》を仰ぐ事はあつたが、何分にも年令地位がかけへだたつて居るので、親しく御指導を仰ぐ機会がなかつた。実を申せば普通の頑固親爺《おやじ》位に評価して敬遠して居つたのである。

産報の理事長になれと御勤めを蒙《こうむ》つた時も、産報の事業そのものに興味を持つて御受けしたので、会長たる平生さんに対しては寧《むし》ろ厄介な老人が居る位にしか考へなかつた。ところが愈よ《いよい》理事長として平生さんの隷下《れいか》に入つて見て、これはどえらい人物だぞと、すつかり尾を捲《ま》いてしまつた。

私は只今《ただいま》新亜通商と云ふ小会社の社長をして居るが、この小社長に相成る迄《まで》、自分で大将になつた経験は一度もない。高々女房役で常に幾人かの上司を頂いて仕事をして来た人間だから、甚《はなは》しく上司ずれがして居る。

『上司の指導宜敷《よろし》きを得ない』と云う言葉は下僚が上司を指導する場合に云うのだな

どゝ不遜《ふそん》な放言をして居つた位で、大低《ママ》の上司は然《しか》るべく適当に処理して来た。しかし今日迄、どうにもこうにもならない、全く手も足も出ないで文字通り指導せられてしまつた上司が二人ある。一人は住友家の元総理事鈴木馬左也《まさや》さんで、一人はこの平生さんである。悔しいがこの御二人には完全に師事し臣事《しんじ》してしまつた。

御二人とも修身の先生が点数をつければどう云うことに相成るか知らないが、下僚からこれを仰ぐとき全くの大棟梁《だいとうりょう》で、絶対的に満点である。これ位頼もしい、これ位こわい、それでいてこれ位仕へ易《やす》い親父《おやじ》は減多《ママ》にあるものでない」

戦後、革新勢力に推されて大阪府知事選に三度立候補することになる小畑については、後に詳述するが、そのスケールの大きな小畑が「完全に師事し臣事してしまつた」人間が、日本製鉄の会長ともなった平生と、そして鈴木馬左也だった。

鈴木にも、次の総理事の小倉正恒にも、「剣禅一如《けんぜんいちにょ》」の精神がある。その鈴木が私《し》淑《しゅく》し、深い感化を受けたのが、山岡鉄舟《てっしゅう》だった。

一九一九（大正八）年三月、住友倶楽部柔道部主催の会合で、鈴木は鉄舟について次のように語ったという（『鈴木馬左也』）。

「今まで自分が会った人の中で一番偉い人であったと私は思う。何しろ禅道と剣道とで錬り上げた人で、万事にあたって生死を超越しておられたので、当時の一廉《ひとかど》の豪《えら》い人でもこの人の前に来ては隙《すき》だらけであった。先生は会話といい、態度といい、大悟《たいご》徹底的であった。先生は私の現在よりは年若くたしか五十四で死なれた。私はまだ大学在学中で当時鵠沼《くげぬま》に居た処《ところ》へ、鎌倉から態々《わざわざ》ある僧がやって来てその事を伝えて呉《く》れたが、あれほど生死を超越していた人が死なれるなどとは、私にはどうしても思われなかった。後になって考えれば、いくら豪い人でも死ぬべき人間なる以上死ぬるになんの不思議はないのである」

鉄舟に傾倒した鈴木の禅は、決して押しつけがましいものではなく、たとえば入社希望者の面接試験で、次のような問答を交わすほどだった。

一九一八（大正七）年の春、当時、五八歳だった鈴木は、のちに住友通信工業の取締役となる石川清という学生の履歴書を取り上げ、

「ほう、君は基督《キリスト》教信者ですか」

と尋ねた。

石川が「そうです」と答えると、鈴木は、

「私は禅をやるのですが、君は禅をどう考えますか」

と重ねて尋ねた。

それに対して石川は、臆面《おくめん》もなく「禅はまことに立派な人格修養の一方法ではある

が、到底基督教に比すべきほどのものではない」といったことを述べ立てたという。

　すると鈴木は温容を一傾させ、

「ほほう、そうですか」

　と言ったとか。

　こうした興味深いエピソードを綴《つづ》った「鈴木馬左也翁の思い出」（『鈴木馬左也』所収）を、石川は、こう結んでいる。

「翁逝《ゆ》かれて既に三十八星霜、今や私自ら半死白頭翁、往時の事茫《ぼう》として夢の如き中に、あの日の問答のみ今猶《なお》昨日のことの如くに印象鮮かであるのは、翁の高風に深き感銘を受けた証拠であろう。桃李《とうり》物言わずして下自《おのずか》ら蹊《みち》を為《ママ》す、というのは実に翁の如きを指すのではあるまいか。

　茲《ここ》に奇縁とも云うべきは、後年私が日本電気の総務部長として翁の五男鈴木維房《これふさ》君の採用試験を行ったことである。但《ただ》し私は維房君との間にどの様な問答を交換したか覚えていないが、果して維房君の記憶に残る様な言動があったであろうか、心許《こころもと》ない限りである」

　入社の面接試験については、石川より前に、一九一〇（明治四三）年、古田俊之《しゅんの》助《すけ》も、次のような問答を交わしている。

鈴木の面接試験は入念で三時間位やることもあったというが、古田はこの日、鈴木から、

「君は住友について何か予備知識を持っているか」

と尋ねられた。

これに対して、古田は率直に、

「住友は法律家万能で技術家を尊重せぬと聞いているがどうか」

と答えた。

すると鈴木は大声で、

「お前は認識不足だ。現在の幹部は法律家であるが、それは偶々《たまたま》技術家に人材がなかったからだ。住友は人材本位だから技術家だって立派な人が居れば幹部になれる。そんなことを言ってはいかんぞ」

と叱ったという。

これで古田は採用にはならないと思い、それならと随分思い切った問答をした。

ところが古田は採用され、のちに住友をリードする総理事となるのである。

古田といい、先に挙げた小畑忠良といい、住友に集まる強者《つわもの》たちを心服させた鈴木の器量は並大抵のものではなかっただろう。

小畑は、総理事の鈴木に「商売」について談じ込んだことがある。

第一次大戦後のインフレ景気の最中、買えば必ず儲かる時代で、三井物産をはじめ、商社はみな当たるべからざる勢いの好景気に躍っていた。

ところが、住友には「商売をしてはならぬ」という鉄則がある。

それが小畑たち若い社員には残念で、ある日、ついに鈴木に詰め寄った。

「なぜ商売をしてはいけないのですか」

これに対して鈴木は、

「商売は必要なことで、わるいことではありません。しかし商売をする人と、工業をする人と自ずから人柄が違います。これは長い間の訓練で出来上がります。住友では今まで商売人の訓練をしておりません。鉱山や製造工業の人を養成して来ました。住友では鉱山や工業の方面で、仕事が無くなったというならば別ですが、その方で人も足りません。資金も足りない。仕事は山ほどあって手が足りない時に、何を苦しんで馴《な》れぬ商売に手を出すのですか。儲かるからといって、何でもやる必要はありません。自信のあることでご奉公をすればよいのです」

と答えた。

「理屈を聞けば何でもないことだが、これをあれほど徹底的に実行出来る人は、総理事を措《お》いて他に求めることは不可能であった」

小畑はこう述懐している。

鈴木は「ロシア革命」の起こった翌々年の一九一九（大正八）年、欧米へ出張したが、唯物論《ゆいぶつろん》が嫌いで、「物」より「精神」を大切にしなければならないとつねづね訓示していた。

そして、ある時、鰻《うなぎ》を食べながら、小畑に、

「近ごろ、革命だの労働争議だのと騒ぐのは、要するに物質万能の思想が根本にあるから、物質の分け前だけに人間が狂奔《きょうほん》するのだ。これが西洋流の考え方の欠陥である。物以上に精神があるという東洋思想にかえれば、こんなに物質で輸贏《しゅえい》を争う必要はなくなる」

と言った。

それに対して「新時代」を感得しつつあった小畑はそのままには肯《がえん》ぜず、

「私どもは物以上にさらに高い精神的な面で競争せねばならないことをよく理解いたしますが、この説教を物に不自由している労働者階級に向けてすることは控え目にして、物に満ち足りている資本家の面々に対して、盛んにやって頂かねばならないと思います」

と〝反撃〟した。

すると鈴木はにらむようにして小畑を見、

「そうです。住友にもまだ労働者に分かたねばならぬ部分が大いにあると思います。

……が……」

と言って憮然《ぶぜん》として天井を仰いだという。

この時、鈴木は六〇歳。小畑は弱冠二七歳だった。

若さにまかせて小畑は、鈴木が「……が……」の次に、「……が教養のない彼等は無駄遣《むだづか》いをする危険が無いだろうか。かえって為《ため》にならぬのではないか」と言うのではないかと思い、そう続けたら、逆に、「教養のある資本家は無駄遣いをしていませんか」と二の矢をつがえるつもりだったという。

しかし、鈴木は天井を仰いだまま何も言わなかった。

これについて小畑は一九六一（昭和三六）年発行の『鈴木馬左也』で、

「私は今でもこの『が』の次の御言葉をはっきり伺いたい。私は只今所謂《いわゆる》革新運動の御先き棒を振って走り廻《まわ》って居る。而《しか》も常にこの『……が……』の次の問題で悩んで居る。総理事を地下から呼び起こして、この解決をして頂きたいと切に思う」

と書いている。

鈴木馬左也の経営方針

一八六一（文久元）年、宮崎県は日向国高鍋《ひゅうがのくにたかなべ》に、高鍋藩家老、秋月節郎の四男として生まれた馬左也は、母方の鈴木家に養子に入った。

しかし、維新の嵐《あらし》は秋月家をも襲い、勤王倒幕の運動に加わった馬左也の長兄、秋月弦太郎《つるたろう》は捕らえられて江戸小伝馬町の牢《ろう》につながれ、出牢後まもなく病死した。そして後を追うように母と姉が死去。馬左也は八歳にして、かけがえのない肉親を三人も喪った。

一七歳の時には、父親が西南の役《えき》で西郷軍に捕らえられ、牢死している。

こうした悲運に次々と見舞われる中で、馬左也は藩校明倫堂《めいりんどう》、鹿児島県医学校、宮崎学校に学び、一六歳の時、宮崎県学務課の雇員となった。

しかし、二ヵ月ほどでそれをやめ、金沢の啓明《けいめい》学校に入学、実父の死とともにそれをやめて上京し、東京大学予備門に入っている。

そして東京大学に進み、一八八七（明治二〇）年、改称した東京帝国大学法科大学政治学科を卒業した。直ちに内務省に入り、知遇を得ていた白根専一《せんいち》が愛媛県知事に就任するのにともなって、書記官として松山に赴任する。

ここで別子に銅山をもつ住友との関係が生ずるのだが、伊庭貞剛に招かれて鈴木馬左也が住友に入るのは一八九六（明治二九）年五月。鈴木は三六歳だった。

この時、養母の杣子《そまこ》は「町人になりたくない」と一夜泣き明かしたという。官尊民卑の時代だったから「さもありなん」とも思うが、この養母は、鈴木が住友に入る前も、鈴木を「参らせる」ような涙を流している。

それは鈴木が愛媛県書記官として松山にいた頃、ある晩、宴会が果てて、芸者に送られて帰宅したところ、玄関はあいているのに、母親の姿が見えない。

「お母さん、お母さん」と家中をさがすと、彼女は、忠臣蔵の吉良上野介《きらこうずけのすけ》のように、裏の物置小屋に隠れていた。

驚いた鈴木が、

「一体どうなすったのですか」

と尋ねると、

「あなたが、あんな芸者衆みたいなものを家へ連れて来るようでは、私は家にいることは出来ません」

と涙ながらに語ったとか。

これには鈴木も参って平あやまりにあやまったというが、この母親にも、そして鈴木にも士族の血が流れているのである。
のちに鈴木が定めた次のような経営方針にも、それがよく表れている。
一、事業の経営には住友の伝統精神を確認してあくまで道義を元とすべきこと。
二、住友は国家と休戚《きゅうせき》を共にするの覚悟をもって、その事業の範囲を、国家の要請するものに限定し、いやしくも利益に眩惑《げんわく》してこの本旨にもとる事業に手を染めざること。
三、技術を尊重し、必要あらば海外の一流会社と提携して優良技術を導入すること。
四、住友の独力にては及ばざる大事業については、進んで他の有力なる日本の資本と提携すること。
五、これらを遂行する基本のものは人にあるをもって、住友内部の逸材を破格に抜《ばっ》擢《てき》して枢要の地位を与えると共に、足らざるものについては弘《ひろ》く人材を住友外部に求めること。（邦光史郎《くにみつしろう》『住友王国』上・下〈集英社文庫〉）
鈴木自身、三六歳で住友に入って、翌々年には本店の理事となり、四年目の一月には伊庭の後を承《う》けて別子鉱業所の支配人となっている。大変な抜擢はこれにとどまらず、一九〇四（明治三七）年、四四歳で総理事となった。

鈴木は「住友の事業に従事するものは、条理を正し、徳義を重んじ、世の人の信頼を受くるにあり。営利の事業と雖《いえど》も、必ず条理と徳義の経緯においてすべきなり。住友の事業に於《おい》て、苟《いやしく》もこの徳義の範囲において経営不可能なりとするものあらば、この事業は廃止するに吝《やぶさか》ならざるべし」とも強調したが、その結果か、一九一四（大正三）年一月、「ロッキード事件」のような「シーメンス事件」（海軍の収賄《しゅうわい》事件）が発覚した時も、住友の事業は海軍と深い関係があったにもかかわらず、潔白だった。取り調べにあたった検察当局が「叩いても埃《ほこり》も出ないというのはこのことだ」と評したほどである。

鈴木も、住友がこの事件にまったく関係がなかったことを喜んで、

「住友家の名誉あり光輝ある家風を顧み、その緒に紹《つ》いで、益々発達隆盛を計り、今日の時勢に適当ならしむべきは勿論《もちろん》、尚《なお》此《こ》の家風流儀の普及を企図して、願わくば天下の事業家を啓発感化し、徳義を以て事業を経営するように希望する」

と訓示したという。

これに関連して、宮崎交通元社長の岩切《いわきり》章太郎の追想が興味深い。

岩切が住友総本店にいた頃、東京は弁天町の鈴木の家を訪ねたことがあった。

いろいろの話のあとで、鈴木が、

「岩切君、いま僕は何の修行をしていると思うかね」

と尋ねた。まったく見当がつかないので、

「禅の修行ですか」

と言うと、鈴木は、

「いや、そうじゃない。いま僕が一生懸命に努力し修行しているのは断りかたである。総理事をしていると、いろいろと注文が来る。一つ一つ引き受けていては住友が立ってゆかぬ。しかし、断ると、きっと怒られる。まったく断りかたのむずかしさをしみじみと感ずる。怒らせぬように断ることはまったくむずかしいので、いま一生懸命、断りかたの修行をしているのだ。君たちもそのうち思い当たるようになるぞ」

と話したというのである。

鈴木はまた、「謙譲」ということについて次のように語っている。

「人の上に立つ者の心得として言はれるは、人の上に立つ者は、丁度消防の出初式《でぞめしき》に梯子《はしご》の上で芸当をする者のやうなものである。表面は甚だ派手で其者《そのもの》だけの力で芸をして居るやうに見えるが、其実《そのじつ》、梯子を持つて居る者の力で芸が出来るのである。若《も》し持方《もちかた》が悪かつたならば、何も出来ないのみならず、直ちに頂上より真逆様《まつさかさま》に地上に落ちて、命を終《おえ》るのである。依《よ》りて下で梯子を持つ者は、勿論上で芸が仕易いやうに確《しつ》かり持たねばならないが、上に居る者は、此事《このこと》をよくよく心掛け、下で梯子を持つて呉れる者に対しては、常に感謝の心を以て接し、功は凡《すべ》て之《これ》を譲るの覚悟がなければ、何の働きも出来ないのである。又若い人達は兎《と》もすると、地位が上になればなる程、自己の手腕抱負が行はれて愉快であらうと思ふが、之も亦《また》誤りである。総じて上になる程、自分の思ふ通りにならぬやうになるものである。若し一から十迄自分の意見のみを押し通すならば、有為有能《ういゆうのう》の材は皆去つて、己《おのれ》も亦去らざるを得ないやうになるのである。而して上に居つて此の我を捨てるといふことが、甚だ苦心を要するので、其苦《しこう》しみたるや、下に居つて自分の意見が通らない時よりは苦しいのである」

これも後に詳述したいと思う「住友の文化人」川田順《じゅん》は、その著『住友回想記』(中央公論社)に「なんといっても鈴木馬左也は大物であった」と書いている。

そして、「鈴木の思出はいくらでもある。晩年の彼はかなり我儘《わがまま》で、私も癪《しゃく》にさわったことが折々あったけれども、面と向うと、まいってしまった」として、次のような〝対話〟を披露している。

「川田君、和光同塵《わこうどうじん》という語を知っていますか？」

「住友に勤めて物質の中に交じっていながら、心は高く、天光に接して居らねばいかん」

「存じません」

「ハイ、そう心懸けたく思います」

「よろしい」

また、ある時、川田は腹が立って「この狸《たぬき》親爺め」と、つぶやきながら総理室に入った。そこでの〝対話〟。

「マア腰掛けたまえ。君は仕事に忠実ですか？」

「ときどき弛緩《しかん》して、相すみません」

「君のお父さんの甕江《おうこう》先生はえらかった。わしの藩主秋月侯の碑文を書いてもらったことがあるが、儒者中随一の文章家でありながら三度稿を改めて、やっと出来上った。三度稿を改める。君もその心懸けで仕事をしなければいかんな」

上品な笑みを湛《たた》えてこう言われたので、川田は最初のフンマンもどこへやら、参ってしまったという。

一九二二（大正一一）年一一月二五日、六二歳で亡くなった鈴木馬左也評としては、その後継者となった小倉正恒の次の言葉が最も至当なのだろう。小倉は伝記『鈴木馬左也』の序で、こう言っているのである。
「翁が棟梁の材であつたことは、内外の斉《ひと》しく認めるところである。しかし決して荒けづりの巨木ではなく、断えざる研磨《けんま》によつて完成された偉材であつた。顧ふに翁が生活の基調とされたものは禅であり、その意味では、禅によつて心源を養ひ磨くことが、翁の生涯の事業であつたと言つてよい。翁の法名は『琢心《たくしん》院殿廓然真清大居士《だいこじ》』であるが、まことに翁の行動のすべてが琢心である。そしてこの琢心こそは、禅に由来する根強いものであつたと思はれる。（中略）
翁が至誠の人であり、如何《いか》なる時にも、何事に対しても、常に誠心誠意を以て真剣に取組まれ、従つて世上とかく立派な人にあり勝ちな世を馬鹿にしたやうな態度は、翁には少しもなかつた。恰《あたか》も巨鐘のやうなもので、大きく撞《つ》けば大きく響き、小さく打てば小さく鳴り、子供と大人、また偉い人など、それぞれ区別のままに相応じて、少しも衒《てら》ふところがなかつた。これらは所謂平常心是道の現はれである」
川田順も、前記の『住友回想記』で、何といっても鈴木は「周囲の数本の杉の木からぬきん出て、独り亭々と高」い大木だから、忽然《こつぜん》として脳溢血《のういっけつ》の雷が落ちたのであろう、と言っている。

住友の親

小倉正恒を語るについては、鈴木馬左也との比較から始めよう。鈴木の後に、中田錦吉《きんきち》、湯川寛吉《かんきち》という二人の総理事がいるが、住友財閥の最高指導者である総理事は伊庭貞剛―鈴木馬左也―小倉正恒という太い線がたどられるからである。

三〇年に及ぶその住友生活を、終始、小倉の直属部下として過ごした川田順は『続住友回想記』の中で、鈴木と小倉を次のように比較している。

「鈴木馬左也は小言をいふのが趣味であつた。私は鈴木の鞄持《かばんもち》で支・満・鮮を旅行したことがあつたが、毎夜ホテルで就寝前、必ず何か教訓され、注意された。（中略）鈴木と反対に、決して小言をいはぬ型の上司もあつた。私は小倉正恒の直属部下で終始したが、小言をいはれた覚えは一度もない。これも珍らしいことだ。私のやうな我儘者だから、目に余ることも度々あつたに相違ないが、彼はいつも黙つて見てゐた」

ちなみに、鈴木が川田に注意したのは、たとえば、江南美人の吸付煙草《すいつけたばこ》を平気で喫《の》むようなことはすべきではないとか、晴天にレインコートを着るのは不体裁だよ、とかいったことである。

これに対して小倉は、川田によれば「春風の如き人間」であり、「将に将たる器」の寛容の人だった。

小倉が銀行と倉庫の神戸支店長だった頃、出納係長が偽造の小切手をつかまされ、五万円詐取《さしゅ》されたことがある。印鑑の突き合わせを怠ったためだった。当時の五万円だから、少なくとも現在の一〇〇〇万円以上である。

係長は蒼白《そうはく》になり、首を覚悟して、小倉に報告した。すると小倉は、その小切手をじっと見つめ、係長に、

「印鑑簿を持って来たまえ」

と言った。

それを見ながら、まだ三〇そこそこだった小倉は、

「なるほどうまく偽造してある。これじゃ誰でもだまされるよ」

と言ったきり、なにも咎《とが》めなかった。

また、ある朝、小倉が出勤すると、机の上に、俗に言う〝赤新聞〟がおいてある。

「商人、某《なにがし》、芸妓《げいぎ》と同衾《どうきん》中、臨検に遭って検束」というものだった。

某は住友の忠隈《ただくま》炭を一手に引き受けて大阪砲兵工廠《こうしょう》へ納入している男であり、新聞を小倉の机の上に置いた社員は、それを〝御注進〟に及んだわけである。

小倉は、大したことでもないのに、手柄顔《てがらがお》に御注進に及んだ社員を呼び、こう言った。

「こんなことをするものではない。某は恐縮して後悔しているに決まっている。新聞は屑籠《くずかご》に入れたまえ」

修養団という道徳団体の後援を熱心にやりながらも、小倉は何が大事なことであり、何が大騒ぎするほどのことでないか、しっかり把握していたのである。

たとえば、後年、川田順が、いわゆる「老いらくの恋」で自殺まで考えるような苦しみの中にいた時、小倉はわざわざ川田の自宅を訪ね、

「これは誰にもありがちの私事《しじ》だ。負けてはいけない」

と励ましたという。

日月社版の『小倉正恒』の著者、神山誠はこれについて、

「あの古武士の如く謹厳だった小倉が、(中略) 慰めたと知っては、胸が熱くなるではないか。恐らくそのときはさすがの川田も、小倉の慈愛に腹の中で涙を垂れたことだろう。小倉の逝去を誰よりも悼《いた》んだのは、川田夫妻ではなかったか」

と書いている。

小倉正恒伝記編纂《へんさん》会発行の『小倉正恒』で、小倉を「住友の親」と評しているの

は、かつて住友に勤めた俳人の山口誓子《せいし》である。

山口は一九二五（大正一四）年、住友に入社を希望する東大生として、当時、人事部長の職にあった小倉と初めて対面するのだが、その時、山口は、「学業の外《ほか》に何に執心しているか」と問われて、俳句と答えている。

後に小倉は、山口の句、

炎天の遠き帆やわがこころの帆

に接して、「誓子氏の俳句は禅だ」と言ったとか。

「このことを伝え聞いて私は小倉氏の理解に敬服した」という山口は、一九六一（昭和三六）年一一月二〇日、小倉が八六歳で亡くなった時、

住友の親を悲しむ冬紅葉

という句を手向《たむ》けている。

小倉を「住友の親」と仰ぐことは「住友万人のこころ」だと言うのだ。

しかし、この親は「春風」のおもかげの中に、次のような積極精神をも秘めていた。

小倉が総本店支配人時代、鴻之舞《こうのまい》金山の買収問題が持ち上がる。当時の経理課長が川田順。

川田によれば、鉱山ほど信用のできないものはなく、経理課長在職六年間に、買ってくれないかと申し込まれた鉱山が約二〇〇件、そのうち書面審査だけで断ったのが約一七〇件、技師に実地調査させたのが約三〇件、そしてその三〇件の中で買収したのが六件で、買収にまで至った六件のうち、利益をあげられたのはわずかに二件だったという。

だから、小倉が鴻之舞買収を発案しても、容易には賛成しなかった。しかし、小倉をはじめとする幹部は強気で、ついに買収となったが、スタートしてみると、案に相違して鉱脈はたちまち尽きてしまい、総本店では理事会が開かれて、放棄説が大勢を占めた。

ところが、小倉はただ一人、それに反対する。どこかに大鉱脈があるに違いないのだから、徹底的に探鉱してみようというのである。そして探鉱費として、当時の金で一〇万円出してくれるように頼んだが、誰も賛成しなかった。それでも小倉はあきらめない。

あまりに執拗《しつよう》な小倉の熱意に負けて、五万円だけ特別支出として出そうということになった。

それで小倉は、それまで技術者や地質学者が捨てて顧みなかった場所を探鉱させ、一大鉱脈を発掘した。小倉の執念の勝利である。

この「住友の親」は、こうした積極策を採りながら、しかし、その責任はつねに自分が負った。

小畑忠良との間にも次のようなエピソードがある。一九一八、一九（大正七、八）年、小畑が住友に入社してまもない頃、川田が経理課主任で小畑の直接上司、小倉が支配人だった。

小倉の総指揮の下、四阪島以外の精錬所を設立するために小畑は走りまわる。

そして岡山に恰好《かっこう》の土地を見つけて買収しようとしたのだが、精錬所の建設には県の認可が要る。

しかし、住友がその土地を買おうとしているのだということがわかると、当時、煙害が問題となっていたので認可されないかもしれない。それで住友の名を出さずに、小畑は大阪の成金《なりきん》の息子という触れ込みで現地に乗り込んだ。

ところが、県としては、正体のはっきりしない利権屋ではなお困るのである。結局、住友が背後で援助してくれることになったとして、小倉が岡山県庁に顔を出せば認めようということになった。

小畑は、これまで住友と無関係と言ってきたツジツマを合わせるために、いろいろ筋書きをつくり、小倉にも説明して、「準備おさおさ怠りなく」県知事を訪問した。

これ以後の顚末《てんまつ》は、伝記編纂会発行の『小倉正恒』に収められている小畑自身の「小倉さんの憶《おも》ひ出《で》」の筆を借りよう。

「小倉さんは先《ま》づ通り一遍初対面の御挨拶をせられた後、卒然《そつぜん》として、全く卒然としてである。云ひ訳も弁解も何もない。この独立精錬所の事業は当初から住友が計画して居つたものでありますが、いろいろの事情のため住友の名前を秘して居りました。小畑は住友の職員でありまして只今迄小畑が県庁に申し立てて居りました嘘《うそ》は全部私が命じて云はせて居りました。誠に済みません。しかしもはや秘密にする必要がなくなりましたので私が御挨拶に罷《まか》り出ました。今後は名実共に住友が責任を取つて実行に当りますから御認可を願ひますと平然として例の調子でやつてしまはれた。私は全く面喰《めんくら》つた、からくりもこしらへ事もあつたものでない、考へ抜いて書き上げた筋書は全然御採用になつて居らない。知事は私の顔を見ながらニヤリニヤリと笑つて居る、席に居たたまらないなど云ふ程度のきまりわるさでない。文字通り閉口頓首《とんしゅ》である。しかし知事もさる者、よくわかりました、何とか御意向に添ふ様考慮しませう、県の産業発展のため住友の御協力を期待しますと云つた。私は冷汗をかきながらほつと一安心をした。

あとから小倉さんは云はれた。事業家には方便として嘘の必要な場合もあります、しかし住友は若い人を嘘つきにはしません。

これは私がまだ三十歳にならない時の話である。七十一歳になつた今日、その時の感銘は尚あざやかに私の胸の中に印象されて居る」（元住友本社経理部長・元愛知県知事）

「青は藍《あい》より出《い》でて藍より青し」をもじって言えば、「住友より出でて住友より青くなったとも言える小畑忠良をさえ、かほどに心服させた小倉正恒は、では、どういうキッカケで住友に入ったのか。

そもそも小倉は、一八七五（明治八）年三月二二日、旧加賀藩士、小倉正路《なおみち》の長男として石川県は金沢市に生まれている。

少年時代から漢籍に親しみ、旧制四高から東大法科大学英法科に学んだ小倉は、一八九七（明治三〇）年に卒業すると内務省に入り、山口県の参事官となった。そして、赴任してまもなく、こんなことに遭遇する。

山口県の知事たちが法律にくわしくないことから、当時係争のあった漁業権問題で小倉が広島県の知事、江木千之《かずゆき》と折衝することになったのだが、法律に自信のある江木は、若僧の小倉をバカにしながら、法律一点張りで押して来る。

それに対して小倉は、

「何年にもわたる難問題を、法律論によって形式的に解決したところで、真の解決にはならない。この問題は漁民の実生活に深く関係しているのだから、漁民の生活状態を調査研究して、慣習や、常識や、徳義にしたがって解決すべきである。法律論だけによっては合理的な解決はできない。実情に即して、両県の漁民が融和的に生活していけるようにしなければ、合理的な解決にはならない」

と主張して譲らなかった。

「法律の前に生活ありき」であり、生活実態に即して法律は運用されなければならないという信念からである。

しかし、こうした「事件」は稀で、ほとんど山口県を訪れたり通過したりする高官の送り迎えや接待が主な仕事。そんな役人生活が、小倉にとっておもしろいはずがない。

「若い時にこんなことばかりしていると、人間がバカになってしまう」という小倉のところへ、学生時代から知っていた鈴木馬左也から「住友へ来ないか」という誘いがかかった。

小説風に書かれた邦光史郎の『住友王国』に従って、勧誘の模様をみてみよう。

まず、手紙である。

「住友は人材を求めている。もし君が住友へきてくれたなら、思う存分働いてもらえるよう、君の望むとおりのポストを用意しよう。そして、君の力で住友を、日本の住友、いや世界の住友に飛躍させてほしいのだ」

これが、まだ二五歳にもならない青年への誘いの手紙なのである。

迷いながらも感激して、小倉が別子に鈴木を訪ねると、鈴木は、

「いいかね小倉君、住友というと君は単なる企業にすぎんと思うかもしれんが、住友の精神は、ただ儲ければそれでよいという、いわゆる商業主義とはいささか違っておる。住友は、社会国家のため役立つことでありながら、ふつうの事業家が乗り出せないような困難な仕事をするためにこそあるんだ。だからいくら儲かっても、社会国家の役に立たぬことなら一切手をつけぬだけの誇りをもっておる。そこで住友の資本力と組織力を、社会国家のために役立つ事業に捧《ささ》げたい、しかもそれで社業が栄えたな

らこんな結構なことはない。これが住友なんだよ」

と、広瀬宰平や伊庭貞剛の説いた住友精神を援用して、熱心に勧誘した。

これには深く心を動かされながら、なおも、

「ソロバン勘定などわからないし、自分は実業界に向かないのではないか」

と、ためらいを示すと、鈴木は、

「ソロバンなどわからなくともいいから、とにかく来たまえ」

と言って、ついに、一八九九（明治三二）年五月、小倉は役人をやめて、住友に入社した。

この時、小倉は二つの注文をつけている。

一つは、現場の仕事ではなく、本店にあって参謀的仕事をさせてほしいこと。もう一つは、洋行させてほしいということである。

二つともかなえられて、小倉は本店勤務となり入社九ヵ月目には早くも「商務研究のため欧米諸国に出張を命ず」という辞令をもらった。

喜び勇んで、総理事の伊庭貞剛のところへお礼に行くと、伊庭は、

「住友が君を洋行させるのは、一住友のためにするのではなくて、国家のためによかれと希望するからである。従って君は、君の思う通りに研究して、日本で必要と思う

ことがあれば、それを身につけて帰られたらよい。辞令面は商務研究ということになっているが、それにこだわる必要はない。帰ってから住友にいようと思えばいるもよし、よそで働く方がよいと思うならば、自由に住友をやめてもよろしい」

と、小倉がびっくりするようなことを言った。

これで小倉は伊庭と、そして住友に惚れ込んでしまうのだが、しかし、月給は役人時代の一〇〇円から一気に三五円に下がった。その頃はこれほど「官民格差」があったのである。

これにも小倉は不満を持たず、住友生活をつづけて、一九三〇（昭和五）年には総理事となった。

そして近衛内閣の大蔵大臣などを歴任するのだが、小倉について特筆すべきは、戦後の公職追放後の生活と思想だろう。

小倉は「戦争など、勝っても負けてもつまらぬことだ」と言って、「我々はこの世の中から今後戦争などというものを徹底的に追放せねばならぬ。このために戦争の起こる真因をつきとめ、その根本を芟除《さんじょ》する必要がある」と主張した。

独立国の要件は、兵備、富、道義の三つだが、このうち第一にいらないものは兵備であり、次にいらないのが富、道義さえ行われれば、国は貧しくとも平和が保てるというのだ。

　こうした考えに立って、ガンジーの無抵抗主義を推奨したが、一九五五（昭和三〇）年頃には、次のようにも言っている。

「今日の日本を見ていると、なんとなくアメリカのために再軍備をしなければならぬようなことになりそうでもある。しかしながら、もしも日本がアメリカと一緒になって軍備を拡張して、戦乱をうながすようなことになっては、日本の文化も台なしになるし、なんとも情ないことである。国防は警察とか自衛隊の程度に止《とど》めておいて、日本人はもっと大きな考えを持っていることを、広く世界に知らしめ、日本はどこまでも平和的の意図を持っている、それは世界の人類のために貢献したいからである、という立場を深く認識せしめるようにありたいと思う」

　そして具体的に推し進めたのが中国との友好だった。共産主義の中国との友好など、主張するだけで、アカと非難された頃に、たとえば沫若文庫建設委員長となり、また、アジア文化図書館理事長、アジア・アフリカ語学院理事長として、「日本の隣人たち」との友好に心を砕いた。

「日本が中国あたりで成功しなかったのは、みな日本のことを先に考えて、相手のことを考えなかったからです。中国のことを先に考えるべきです。向こうを中心にして考えなければなりません。向こうは明敏だから、よくわかりますよ」

こう語り、行動した小倉について、中国史学者の貝塚茂樹《かいづかしげき》は、小倉が亡くなった時、

「中国をはじめアジア諸国と文化的な親縁関係を維持し、理解を深めねばならないといい、慨然として、郭沫若旧蔵書をもとに『アジア文庫』を創設された簡斎（小倉の雅号）先生の信念ははるかに時流を抜いていた。われわれは実業界における最後の漢詩人にして最上の漢学の理解者を失って哀惜にたえない」

と書いた。

小倉はまた、池田勇人首相が「所得倍増論」を唱えた頃、

「（それは）貧富の懸隔をますます甚しくして、却《かえ》って国を紊《みだ》すことになる。政治の要諦は、貧富の懸隔を出来るだけ少なくするところにある」

と喝破している。

それでは、こうした小倉は、私生活ではどんな父親だったのか。

伝記編纂会刊の『小倉正恒』に、小倉健二の「家庭での父を憶う」という一文がある。

それによると、小倉は胃腸が弱かったせいもあって肉類はあまり食べず、魚、それ

も小魚《こざかな》を好んだという。

そして、他の事には不器用なのに、魚の小骨をとる手つきはしなやかだった。イクラ、シラス、タラコなど酒の肴《さかな》のようなものが好きだったが、酒はほとんど飲めなかった。

洋食の宴席では、皿に取る量が少ないこともあって、とにかく食べるのが早く、他の人が肉を二切れぐらいしか食べていない時に、小倉はもう爪楊枝《つまようじ》を使っていることもしばしばだったという。

「宴会などに出て、そばの人たちが料理でもなんでもみな平らげるので、羨望《せんぼう》をもって見ていたが、そういう人は皆死んでしまった。そして私だけが生き残っている」

小倉が晩年にこう語っているのもおもしろい。

あまり丈夫でなかった身体を、剣と禅、さらに朝夕の散歩で頑健《がんけん》にした小倉は長寿の秘訣《ひけつ》を次のように明かしたとか。

「ひと口にいうと、清心《せいしん》寡欲、心を清くし、欲を少なくするということです。長寿の秘訣として、四つのことがある。『食少なし、言少なし、事少なし、臥《が》中睡《すい》少なし』、この『睡』というのは、熟睡ではない。うとうととしていることである。それが少ないというのだから、つまり熟睡しろということです。

無理をしないということが、私のすべての信条です。それは情理の上からです。情操の上からも、理論の上からも、無理をしないということが、私の信条です」

小倉が長寿を保ち得た秘密は、しかし、身体の若さだけではなく、その平和主義にみられるような精神の若さも、大きく影響しているだろう。

歌人の系譜

小倉正恒が自らの後任として考えていたのが川田順だった。しかし、常務理事として小倉を助けた川田は、一九三六（昭和一一）年五月、二・二六事件の後に、住友を退社する。

歌人でもあった川田が、いわゆる「二足のわらじ」に悩んだ結果かもしれないが、退社について川田自身は『住友回想記』に、次のように書いている。

「住友の家長に対し、又、総理の小倉に対し、私情に於《お》いては忍び難いものがあったけれども、（辞表提出を）敢行した。自惚《うぬぼ》れかも知れないが、次の総理に私を推輓《すいばん》する気持が小倉の胸中に潜んでいたらしかった。けれども、私は到底その任でなかった。このことは、誰れよりも私自身が知っていた。総理を援《たす》けての下働きは過誤なく出来る自信を持てたけれども、悲しい哉《かな》、将に将たる器ではなかった。私が総理になることは、私自身の破綻《はたん》であるのみならず、住友の不幸にちがいないと、判断したのであった」

川田が「将に将たる器ではなかった」とは私は思わない。その椅子を目前にして自ら退く潔さなど、むしろ、「将に将たる器」であることを示しているとも言える。

しかし、川田は住友を去り、小倉の後の総理事には古田俊之助がなった。

一八八二（明治一五）年一月一五日、東京に生まれた川田は、一九〇七（明治四〇）年に東京帝国大学法科大学を卒業すると、直ちに住友に入社している。そして一九二一（大正一〇）年、住友総本店から住友合資会社に名前が変わった時、川田は時の総理事、鈴木馬左也に〝談判〟しなければならないことが起こった。

職制変更にともなう人事異動で、川田は副支配人兼経理課長から経理部第一課長兼第二課長に〝降格〟させられたのである。

新組織では従来の経理課を四つに分けて、その上に部長を置いたのだが、川田は副支配人の名称をはずされた上に、部長にもならなかった。同僚たちも気づかって〝弔問〟にやってくる。

それらには笑って対応していた川田も、侮辱で、頭の中は煮え立っていた。

自分の勤務ぶりを考えてみても、「侮辱」を受けるべき失策はしていない。もし、自分に経理課長をやめさせたいのなら、他へ転勤させればいいではないか。

「もとの部下や同僚の目の前に置いたままで、二桁落《ふたけたお》としの椅子に座らせるとは、大住友の人事行政に断じてあるべからざる非人間的な行為だ」

こう憤激した川田は、まっすぐ鈴木にぶつかろうと決意する。

その前に、「住友をやめても一〇〇日ばかり食える用意が肝要」と、川田は、懇意にしていた大阪毎日新聞社学芸部長、薄田泣菫《すすきだきゅうきん》を訪ねる。言うまでもなく薄田は著名な詩人でもあった。

川田は薄田に、住友をやめることになったので小説を書かせてくれと頼み、承諾を得てから、勇躍、鈴木の家に押しかけた。

そして、思いつめた顔で三〇分間、

「住友といえども総理が自信する程正しい道ばかりを歩いてはいない、士を遇するに道を以ってしたまえ、薄給の川田といえども士である」

といった意味のことを述べた。

顎《あご》の先を撫《な》でながら、「ウン、ウン」と聞いていた鈴木は、最後に、品のある笑みを浮かべ、

「士を遇するに道を以ってせよとは、さすがに（漢学者の）甕江先生の子息だけある

な。君のことはよくわかった。中田（錦吉）君や小倉（正恒）君にもわしからよく伝えておくから、安心して住友に終始したまえ。人間はいろいろのことに遭遇するものだ。自分の思う通りになるものではない。短気をおこしてはいかんな」

と川田をさとした。

役者の違いか、鈴木邸の玄関を入る時の騎虎《きこ》の勢いはすっかり消えて、川田はおとなしくなって鈴木邸を辞去した。

前述のように、川田は歌人としても有名だが、川田に始まって、日野草城《ひのそうじょう》、山口誓子、皆吉爽雨《みなよしそうう》など、住友には歌や俳句をつくる人間が多い。それも道理で、川田が小倉正恒の後を襲って住友本社の常務理事となった昭和五年に、当主となっていた住友吉左衛門《きちざえもん》は、泉 幸吉《いずみこうきち》と名乗って次のような歌を詠《よ》む青年歌人だった。

年々に失業者増す世の中に
金はいよいよ片寄りゆくらし

一九四七（昭和二二）年に創元社から出された泉幸吉歌集『急雪』には、師の斎藤茂吉《もきち》が序文を書いている。

この吉左衛門が京都帝国大学の文学部に入って国史を専攻することになった時、住友の幹部の一人が、川田に、

「家長さんはなぜ法学部か経済学部に入らなかったのだろう。住友の家長として文学に志すなどは、家業をおろそかにするものではないか」

と不満をもらしたとか。

それに対して川田は、

「君の考え方はまちがっている。住友の事業は一個人の家業というような小さいものではない。それはすでに国家社会の一経済機関にまで発展している。その経営は有能の人物の合議に一切委任すべきもので、家長の関与はどうでもいいのだ。むしろ関与しない方が事業のためにはいいだろう。

それから、君の説に従えば、住友の嗣子《しし》に生まれてくると、適否に拘《かかわ》らず法経の学を修めなければならないことになる。そんな馬鹿げたことはない」

と反駁したという。

しかし、やはり住友でも、この幹部のような考えの人は多く、「二足のわらじ」をはきつづけることは容易ではなかった。

たとえば泉不動産（現住友不動産）の総務部に勤務するかたわら小説を書いていた

源氏鶏太《げんじけいた》こと田中富雄は、後年、この川田から、

「君が小説を書いていることで文句をいう男がいたら言って来たまえ。いつでも僕が相手になってやる」

と言われて感激している。

それに対して川田は、

「当然のことだから何も感謝することはない。会社のことを精いっぱいやっているなら、住友は社員の自由時間まで奪うことはしない。ゴルフをするのも歌謡曲をうなるのも同じ自由時間だ」

と言ったとか。

その川田を尊敬するという住友金属工業名誉会長の日向方齊は（日向も歌を詠む）、若い時、

「川田さんは仕事も歌も一流で幸せな人ですね」

と言って、川田から、

「バカヤロー、事業家は歌なんぞ詠んで喜ぶもんじゃない。事業を残すのが事業家の使命だ」

と一喝されたというが、「共に一流」でありつづけるために、川田はきびしく、そ

のわらじのはきかえをした。

『住友回想記』で告白している次のような考えの下にである。

「サラリーマンは金ですべてを売った憂《う》き川竹の流れの身とはちがうので、会社に勤めながら、他のことにも精進したとて、少しもさしつかえない。これは私の信念で、みずから実行して来た道である。他のことは何もするな、寝ても起きても四六時中会社のことばかり考えていろと注文したら、それこそ人間の身と魂との搾取《さくしゅ》である。私は、この種の資本家的道徳論には常に陰に陽に反抗して来た。それでも、運が強かったと見えて、出世させてもらった。

その代り、右の如き信念を持つ人間は、人一倍会社の勤めに精励しなければならぬ。上司や同僚から文句付けられないように、会社のことを大切にしなければならぬ。私はずいぶん我儘者で、ズボラな一面を持っていたけれども『ここは大切』と思った場合には身命をも顧みずに働いた。そんなことは年に二度か三度しかなかったが、その二度か三度をベストを尽くして働いたならば、他の月日は居眠りしていても文句はあるまい、という程に図太く構えた」

これに続けて川田は、「これは自慢でも何でもない、当然のことなのだ」と言い切っている。

川田に対して、「お前は歌人なのか、住友人なのか」などという愚問を発する人が住友外部にいたから、「ここでは、はっきり賢註する」と川田は付言しているのである。

これを裏づけるように、川田の部下だった山口誓子は、

定家忌や勤め休まず川田順

という句をつくっている。藤原定家の研究家として知られる上司の川田が、その定家忌にも休まず働いているという句である。

それでは、たとえば川田は〝一足のわらじ〟にすればよかったのか。

「老いらくの恋」で結ばれた夫人の川田俊子は、それについて『死と愛と』（読売新聞社）の中で、こう述懐する。

一九五七（昭和三二）年に川田の歌碑の建碑式があって、祝詞に立った歌人の吉井勇が、

「川田君は文学ひとすじに来られるべきではなかっただろうか……」

と言ったが、私は、

「川田の一生はあれでよかったのだ」

と思う、と。

〝二足のわらじ〟の緊張感ということを俊子は言っているのかもしれない。

住友を退社して歌に生きてきた川田は、戦後、大学教授夫人だったその歌の弟子、中川俊子（筆名・鈴鹿《すずか》俊子）と熱烈な恋に陥る。六〇も半ばを過ぎた川田と、三〇も年下の人妻との恋愛は、スキャンダラスな世の注目を浴びた。

若き日の恋は、はにかみて
おもて赤らめ、壮子時《おさかり》の
四十歳《よそじ》の恋は、世の中に
かれこれ心配れども、
墓場に近き老いらくの
恋は、怖《おそ》るる何ものもなし。

川田が発表したこの詩から「老いらくの恋」と騒がれたが、「智慧《ちえ》を恋愛と交換してしまった」（川田順『孤悶録《こもんろく》』朝日新聞社）この恋は、川田に自殺をも決意させるほど、近親者を含めた世の指弾を浴びる。

生きて添はむと君は言ひ
いつそ死なむとわれ思ふ、
死ぬる生くるのたたかひを
こころに秘めて幾月ぞ、
夏すぎ、秋も昨日まで、
共に火鉢《ひばち》に手をやれば
霜のふる夜を生きて虫鳴く。

このころ川田は右のような詩をつくるとともに、

相触れて帰りきたりし日のまひる
天の怒りの春雷ふるふ

と歌っている。
「天の怒り」を恐れながらも、「いのちあるかぎり君に恋せむ」と歌わずにはいられない川田だった。

そんな川田を、小倉正恒のところで書いたように、小倉は家までやって来て慰め、また、同じ年生まれの歌友、斎藤茂吉は次のような手紙を寄せて励ました。茂吉は、川田の自殺未遂を知って、こう書き送ったのである。

「拝啓あゝおどろいた。あゝびつくりした。むねどきどきしたよ。どうしようかとおもつたよ。しかし電報拝見安心したが、無理なことしてはいかんよ。お互にもうじき六十八歳ではないか。レンアイも切実な問題だがやるならおもひきつてやりなさい。一体大兄はまだ交合がうまく出来るのか。出来るなら出来なくなるまでやりなさい。とにかく無理なことしてはいかんぞ。（中略）みだりなことをしてはいかんよ。兎《と》に角《かく》、たまには上京しろよ。ぼくはチヤシユーメンでもおごるよ。あゝおどろいた。もうこの老山人のおどろくやうなことしてはいかぬぞよ。敬具」

川田は結局、この俊子と結ばれたが、かつて、自らも、ついに結ばれなかった苦しい恋をし、

老いづきし心あやしくみだれたる
　わが五十五の年ゆかむとす

年老いてかなしき恋にしづみたる
西方のひとの歌遺《のこ》りけり

と歌った茂吉だから、このようにぬくもりのある手紙が書けたのだろう。

七〇歳近くなって俊子と再婚した川田は、京都を離れ、一九六六（昭和四一）年一月二二日、八四歳で死ぬまで国府津《こうづ》、辻堂《つじどう》で過ごした。

その伴侶《はんりょ》・川田俊子は『死と愛と』で、川田を「先生」「彼」「順」とさまざまに呼び、次のような逸話を伝えている。

「第二の人生」を始めるに当たって「あらゆる贅沢《ぜいたく》および義理人情を捨てる決心をしたらしい」川田は、国府津から上京する時は、東京までの三等の切符代と弁当代だけをガマロに入れ、かなりの道のりを駅まで歩いたという。

しかし、俊子にはケチなことは言わず、逆に、

「女だからたまには着物もほしいだろう。買って来なさい」

と言った。それで俊子が、

「せんせもお洋服をひとつお作らせになったら」

と言うと、怒ったような口調で、

「僕はこれでいいさ、君がボクのを作らせたりすると捨ててくるよ」

と言い、「ズボンの膝《ひざ》の目立つところが少し破れていて、継《つぎ》が当ててあった」のを、そのまま何年も着ていたのだった。

そんな川田を訪ねて、ある時、住友製鋼所の旋盤工だった人が二人来た。

時折訪れる歌人やジャーナリストとは違った趣《おもむき》の二人は、川田がタバコをすすめると、

「以前よく職工代表としてあの談判のあと、先生の立ち上がって出て行かれるのを待ったものですよ。あの時分わたし等は滅多に吸われない『敷島』を、ちょっと口をつけただけで、次々と灰落としにお入れになるんですからね、わたし等はお立ちになった後、パーッとつかんで、そのタバコをポケットに入れて帰りました」

と言い、川田が、

「贅沢な吸い方をしてすまなかったね」

と言うと、

「いいえ、ありがたかったですよ」

と言っていた。川田の言うごとく「恩讐《おんしゅう》の彼方《かなた》に」のような話である。

この川田が「彼は到底、住友池中の魚ではない」と評したのが、これから述べる小畑忠良である。『住友回想記』で川田は、大正末期に小畑が住友社員の機関雑誌『井《せい》華《か》』に書いた「頗《すこぶ》る皮肉な」随筆を紹介している。

それは「南朝に尽くして命を捨てた楠《くすの》木《き》正成《まさしげ》のような男を、わずかばかりの月給で資本家が雇用することがもしも出来たなら、さぞ好都合であろうぞ」という主旨だった。

「三井物産大阪支店長の年収の方が住友総理のそれよりも多かった」と言われるほど安かった住友の月給を皮肉ったのだろうが、「筆者が秀才小畑であったから、こんな不届《ふとどき》なことを書いても首にされなかった」と川田は書いている。

川田の直系部下で、住友本社の経理部長を務め、住友電線（現在の住友電工）の専務を最後に、星野直樹に誘われて企画院次長に転じた小畑について、『回想記』を書いている一九五一（昭和二六）年の時点で、川田は「現今は逼塞《ひっそく》しているそうだが、稀有《けう》の才物だから、やがて復活するだろう」と評した。しかし、「秀才」や「才物」という言葉が小畑に適当かどうか。そうした評価からどんどんはみだしていく小畑の線の太さについて、これから少しくその軌跡を追ってみよう。

安藤良雄編著の『昭和経済史への証言』中巻「戦争と財閥」の項で、「住友から企画院へ」と題して小畑が語っている。この本は一九六六（昭和四一）年に出ているが、小畑について編者の安藤は「すでに古稀《こき》を越えられたが、『人生意気に感ず』といった若々しさがみなぎった風ぼうである」と書いている。「秀才」や「才物」よりは、そのほうが小畑という人間をよく表しているのではあるまいか。

それはともかく、一八九三（明治二六）年、大阪に生まれ、東京帝国大学法科大学を経て、一九一七（大正六）年、住友に入社した小畑は、若い頃から、未来の総理事と言われた。

鈴木馬左也、小倉正恒、川田順といった住友の傑物たちと小畑のエピソードについては、これまで記してきたが、小畑が住友電線の専務をしていた昭和初年、満州進出をめぐって、軍部との関係が問題になった。

その時、小畑は兄（英良《ひでよし》＝陸軍大将で、太平洋戦争の末期、グアム島守備の司令官として戦死）も弟（信良《のぶよし》＝陸軍中将で、奉天《ほうてん》特務機関長としてソ連に抑留された）も有力な軍人だったため、他の事業家のように、軍人だからといって遠慮せず、「軍人は文句を言うな。君たちに守ってもらわなくても、事業のほうは、中国でも満州でも自力で十分競争できる。君たちは引っ込んどってくれたほうが人気がよくなる」

とズケズケ言った。

しかし、一九三一(昭和六)年九月、満州事変が勃発《ぼっぱつ》する。前年、満州へ行って現地の状況を見てきた小畑は、翌三二年の正月に、当時の総理事、小倉正恒のところに年賀に行き、

「これからの満州についての認識を新たにしてもらわなくてはなりません」

と進言した。

金輸出再禁止で銅の価格が上がり、住友は当時のカネで三〇〇万円の〝不労所得〟を得たが、これを軍部と協力して満州で使おうではありませんかと進言したのである。

これに対し小倉は、軍部が盛んに財閥打倒を叫んでいた時だったので、

「そんなところへ行けるか」

と不安がった。

「いや、軍は本当はカネを持って来てくれることを期待しているんです。カネを持たないで行くからいけないので、持って行ったら大丈夫です。行きましょう」

小畑は小倉をこう説得して、ついに常務理事の川田順が満州へ行くことになった。川田も、「財閥打倒」といって軍人に殴られるんじゃないかと心配していたが、逆に満州では軍人に歓迎され、三井、三菱に先んじて、満州航空とか満州電線等の仕事の糸口をつけてくることになったのである。

そして、一九四〇（昭和一五）年、小畑は、第二次近衛内閣の企画院総裁となった星野直樹に懇請されて、企画院次長となる。

星野、小畑、それに岸信介は一高、東大を通じての同期生だった。

小畑が企画院に引っ張り込まれたのは、「官僚の独善を排せよ」という当時のムードの中、民間人を起用しようという近衛文麿の企図の結果である。

この間の事情について、小畑は前記の『証言』で、こう述懐している。

「それ（企画院次長就任）を断わると一番に政策の邪魔をしたことになる、しようがないというわけで、小倉総理事が北海道におられたもんですから、北海道へ電話をかけ、出ることにしようじゃないかということになりました。

ところがそうなると住友というところは生真面目《きまじめ》なところでしてね。住友の事業はご承知のとおり軍需産業で、企画院はいろいろな物資の配給なんかやるところですから、そこへ住友から人間が行ってやると、なんだか政府の中へ入って住友の事業のために勝手なことをやるんではないかと誤解されちゃいかんというわけですな。それで住友から縁を断って行かねばいかんということで、にわかにすっかり住友を退社することにしましてね、大阪の家もみな売って東京へ行ったんです。企画院へ行ったが、住友の人気をはかるために行ったんじゃないんだから、住友の人間は企画院へ行くなということでしょう。一年ほど次長をやっとったんですが、三菱、三井の人は私どもの方へいろいろねだりにやってきましたが、住友からは一人もこない、寂しかったですよ」

ちなみに、小倉正恒が国務大臣として近衛内閣に入り、のちに大蔵大臣となるのは、翌一九四一（昭和一六）年のことである。

小倉と入れちがいのように小畑は企画院をやめたが、まもなく、今度は産業報国会の理事長をやれと言われる。言って来たのは、同会会長の平生釟三郎だった。

小畑のざっくばらんな語り口にその人物を見るためにも、再び『証言』の小畑の述懐を引こう。

「産報運動というのは、職場を営利利殖の場と考えないで、われわれのお国に対する本分を尽くす場と心得てやろうじゃないかということなんです。経営者も労働者も『報国』というものひと筋に尽くし、自分の能力に応じた仕事をし、食べるものは大《おお》君《きみ》のみ心でいただき、生きておれる。自分の能力に応じて働いて必要に応じてやるという、例の共産党のドクトリンみたいなことをいうもんだから、日の丸共産党といわれるんですが、そういうようなつもりで仕事をしようじゃないかという一種の精神運動を主にしてやっとったんです。

ところが妙なもんで、労働者は戦争がきびしくなると、すぐそんな気になりますが、経営者というものはならんですな。経営者はやっぱりもうからなきゃやれんという気持がどうしても出てくるんです。私は理事長をやめるときに、鈴木（貞一《ていいち》）企画院総裁にいったんです。『労働者は大体みなその気になってくれるんだが、どうしてもならんのが経営者だ。この経営者をその気にならせなければ、事業はほんとうの能率を出さない。だがこれをならしめるにはぼくの力ではいかん、強力でやるより仕方がない。君は軍人として強力を持ってるんだから、われわれ精神運動をやっとった人間は引き下がるから、ひとつ産業報国会の会長をやってくれ』そういうことで鈴木君に会長をしてもらったことがあります」

ここは産業報国会や、その後、小畑が事務総長をやった大政翼賛会について論じる場ではないが、小畑の次女で、社会党左派の代議士だった穂積《ほづみ》七郎夫人、万亀子《まきこ》によれば、小畑は生産力向上のためであれ何であれ、つねに労働者を中心にものを考えていたということだった。労働者は生産の手段ではなく主体だというのである。穂積七郎と万亀子が結ばれるについては、非常におもしろいエピソードがある。戦後、小畑は平和運動をやり、革新の側から推されて三度、大阪府知事選に立候補したりしたため、穂積が「家内のおやじまでオルグした」と言われたというが、そうではなくて、小畑の本来の人生観、世界観の中に戦後の運動の基礎があると、穂積は言う。それを〝証明〟せんと話してくれたのが次の逸話である。

一九三〇（昭和五）年に東大経済学部を出た穂積は一度、商工省に入ったが、三年でやめ、労働組合の書記として労働運動に挺身《ていしん》する。そして四年ほど経った一九三七（昭和一二）年、突然、西園寺公一《きんかず》が穂積に会いたいと言ってきた。近衛が軍部の暴走を食い止めるため、青年運動を起こそうとしている。それで、農民運動の羽生三七《はにゅうさんしち》、労働運動の穂積に会いたいというのである。

近衛らの運動に何の期待ももっていなかった穂積は即座に断った。しかし、何度断っても誘いが来る。あまりにうるさいので、直接断ろうと出かけて行った近衛グループの勉強会で、穂積は小畑忠良と会った。その前に、東大時代の師、本位田祥男《ほんいでんよしお》から、小畑は人物だから会うようにと、何度か紹介されていた。しかし、所詮《しょせん》は財界の人間ではないかという気持ちが先に立って、会う気がしなかった。

ところが会ってみて、穂積はその先入見をくつがえされる。人物のスケールが大きいのである。エリートなのに、キザったらしい言葉は少しも使わず、風貌《ふうぼう》のせいもあって、「海坊主《うみぼうず》みたいな男」だと思った。のちの義父を、以来、穂積は「入道」と呼んだ。

そんな小畑の人柄にも惹かれて、穂積は結局、青年運動を〝手伝う〟ようになる。

そしてある時、例によって、近衛グループの勉強会をやっていると、警視庁の特高課長が来て穂積に目くばせした。穂積たちの労働運動が反戦運動とみなされたのだろう。

かねて覚悟の穂積は、小畑たちに、

「ちょっとヤボ用で失礼します」

と言って席を立った。

この時の検挙のされっぷりが見事だと言って、何と、小畑は自分の娘の婿《むこ》にと穂積を考えるのである。

「検挙となると、右翼の人間でも、共産党の闘士でも顔色をかえるというのに、穂積君はふだんとまったく変わらん。大したもんだ」

こう言って小畑は穂積を称《たた》え、逮捕と同時に穂積が出した辞表も机の中に入れたままだった。

「起訴もされず、有罪とも決まっていないのに、クビを切ったのでは法治国ではない」

というわけである。周囲の反対を押しきって小畑は辞表を受理せず、穂積をかばったため「小畑はアカだ」と噂《うわさ》された。

産報の三宅正一《みやけしょういち》や三輪寿壮《みわじゅそう》ら、いわゆる進歩派でさえ、辞表の受理はやむをえないと考えていたというのだから、小畑の筋の通し方は徹底している。

そして穂積が監獄から出て来て、小畑のところに挨拶に行くと、

「おう、どうも御苦労だったね」

と言い、お茶をもって出て来た自分の娘を紹介した。

「何で紹介なんかするんかいなあ」

と穂積がいぶかしんでいたら、しばらくして、小畑が、もう三〇を過ぎていた穂積に、

「君はなぜ結婚しないんですか。結婚しない主義ですか」

と尋ねた。

「いや、ただ、来てくれる人もいないし、来てもらっても、女の人が期待するような

安穏な生活はできないですからね。貧乏と弾圧はつきもので、それをごまかして、来てくれとは言えませんから」

と穂積が答えると、小畑は、

「覚悟の上で嫁《い》きたいと言っている人がいる。それは自分の娘だ」

と、穂積が仰天するようなことを言った。

「冗談じゃありませんよ。バス代にもこと欠くぼくの生活の実態がわからないから、そんなことを言うんです」

と、穂積は言下に断ったが、小畑、および小畑夫人、そして、肝心の娘、万亀子が引き下がらない。

一年間断りつづけても、小畑家ではあきらめず、ついに穂積と万亀子は結ばれることになった。対象としては穂積も嫌いではなく、逆に「おとなしくて聡明《そうめい》で、品性も卑《いや》しからぬ女性」と思っていたのだから、それは幸せなゴールだった。

しかし、それにしても、将来がまったく不安な青年に、ただ、人間が一途《いちず》で誠実だからと、自分の娘を嫁がせる小畑とは、何という大きな人物であることか。

女婿となった穂積は、義父の小畑を、

「まったく物事にこだわらない、人を差別しない人間でした。無量無尽で、これでおしまいだということがない。限りをもって行動する奴《やつ》は最上じゃないという考えでしたね」

と語る。

だから、小畑の後に、やはり革新統一候補で大阪府知事選に立候補し、当選した黒田了一《りょういち》が、その後、社会党と共産党のもつれから共産党の一党支持で立候補した時も、選挙カーに乗って黒田を応援した。かと言って共産党だけを支持していたわけではなく、世界同時革命を呼号する新左翼の穂積の息子たち（小畑から言えば孫）とも共鳴していた。とにかく、「本を読む子はええ」のであり、欲得を離れてひたむきに何かをやろうとする人間が好きなのである。

小畑自身は一九七七（昭和五二）年一〇月一一日に亡くなる一ヵ月前、自分の人生は「いい加減な人生」だったと書いているが、決してそんなことはないだろう。ただ、「外見目《はため》には波瀾《はらん》万丈の生涯と見えるかも知れぬ」自分の人生を「いい加減な人生」と観念するところに小畑の真骨頂がある。

「大学では、法律を真面目に勉強した。恩賜《おんし》の銀時計も貰った。外交官志望を放棄して、住友に入って、未来の総理事と騒がれたと思うと、翻然《ほんぜん》として、住友を去り、役人になり、戦争が始まると産業報国運動や、大政翼賛運動で走り廻った。おかげで、終戦後は『追放』でもっともらしいことは何事も出来なくなってしまった。家内は死んでしまう。子供達は何とか片付いてしまう。身軽になったから、平和運動や、日中日ソ国交回復運動やらで走り廻り、安保反対では、旧友岸信介の追い落しに一役買ったりした。揚句の果は、大阪府知事選に三度出馬して三度落選することとなる。そこでうき世を見限り、完全なる隠居生活に入った」

と、自分の人生を総括した小畑忠良。

やはり、鈴木馬左也、小倉正恒、川田順といった人間たちでなければ、小畑のこの稀有の素材を伸ばすことはできなかっただろう。そこに、かつての住友の懐の深さを見るが、現在の住友の経営者たちにそうした大きさがあるか、私は大いなる疑問なしとしない。

2　小倉正恒と近衛文麿

近衛文麿の遺書

近衛文麿を訪ねたあるイギリス人が、

「あなたのお宅には、御先祖以来のたくさんの宝物や書物が残っているでしょうね」

と尋ねたところ、近衛は、

「いや、火事でみんな焼けました」

と答えた。

それで、さらに、

「ほう、いつの火事ですか」

と尋ねたら、近衛は、

「応仁《おうにん》の乱の時です」

と答えたという。

これほどの名門の血を享《う》け、衆望を担って四五歳で首相となった近衛は、戦争の拡大を食いとめることができず、GHQからA級戦犯に指名されることがはっきりした一九四五（昭和二〇）年一二月一六日の早暁《そうぎょう》、五四歳の命を自ら絶たなければならなかった。

この時、近衛が書いたのが、次の遺書である。

「僕は支那事変以来多くの政治上過誤を犯した。之に対し深く責任を感じて居るが、所謂戦争犯罪人として米国の法廷に於て才判を受ける事は堪え難い事である。殊に僕は支那事変に責任を感ずればこそ、此《この》事変解決を最大の使命とした。そして此解決の唯一の途は米国との諒解《りょうかい》にありとの結論に達し日米交渉に全力を尽したのである。その米国から今犯罪人として指名を受ける事は、誠に残念に思ふ。

しかし僕の志は知る人ぞ知る。僕は米国に於てさへ、そこに多少の知己が存することを確信する。戦争に伴ふ昂奮《こうふん》と激情と勝てる者の行き過ぎた増長と敗れた者の過度の卑屈と故意の中傷と誤解に本づく流言蜚語《りゅうげんひご》と、是等《これら》一切の所謂輿論《よろん》なるものもいつかは冷静を取り戻し、正常に復する時も来よう。其時初めて神の法廷に於て正義の判決が下されよう」（原文のまま）

この近衛の近くにいて、『近衛時代』（中公新書）を著した松本重治は、この本の中で、「近衛文麿という人は、昭和十二年六月から十四年一月までの第一次近衛内閣の時代はもちろん、それ以後も、陸軍をはじめ国内の諸勢力が、それぞれの思惑によって担《かつ》ぎあげ、利用しようと懸命に画策するような、幅広い人気と影響力をもっていた。いわば、時代のスーパー・スターだった。ことに、利己的野心をもち合わせない近衛さんの人間そのものが魅力的であった」と〝規定〟し、やはり、近衛グループの牛場《うしば》友彦は、

「遺言を読むごとに、よくも死を数分後に控えたときに、あんなにことばを選んでいるものだと思うなあ。近衛さんはほんとうに、若いときからそうなんだから。若いときの文章なんか、それはもう、近衛伝を書いた矢部貞治君だって、朗詠するに値すると書いているものね。ほんとうに大した文章だ。あれは」

と松本に言っている。

遺言の自己規定は、『近衛公秘聞』の著者、木舎《きや》幾三郎に、近衛が、

「僕が軍のロボットだと言ってる者があるそうですが、何《いず》れ後世の史家は正確な判断を下して呉れるでしょう」

と語ったというのと一致する。

この〝悲劇の宰相〟に乞《こ》われて大蔵大臣となったのが住友の総帥《そうすい》・小倉正恒だった。

「統制」と「自由」

一八九一（明治二四）年一〇月一二日生まれの近衛に対して、小倉は一八七五（明治八）年三月二二日生まれ。年齢はひとまわり以上、小倉が上である。

小倉は長寿を保ち、一九六一（昭和三六）年一一月二〇日、八六歳で亡くなったが、この葬儀で元首相、吉田茂が友人代表として弔辞を読んだ。

まず、それを次に掲げよう。

「友人を代表し、謹んで故小倉正恒君の御霊《みたま》に申し上げます。

私と住友家との関係は、或《あるい》は西園寺公を通じ、或は近衛公を通じ、又総理事鈴木馬左也氏を通じ、陰に陽に浅からざるものがありました。自然小倉さんと私とのお附合は、今から約三十年程前、君が住友本社の総理事として、内外にその経綸《けいりん》を行っておられた頃にはじまり、爾来今日に至るまで、真に心の友として、公私に互《わた》り格別の交遊を続けて参りました。君は資性高潔、温容の中に寒梅にも譬《たと》うべき凛然《りんぜん》たる操志を堅持し、名利を超越して常に国家社会を念頭におき、その出所《ママ》進退は極めて清潔、真に高士の風格を備えておられました。

昭和十六年、近衛公の懇請を容《い》れ時の内閣に列するや、大いにその識見と手腕を発揮され、身を挺して国家の為尽瘁《じんすい》されたのは世人の周知するところでありますが、戦後は一切の公職から去り、専《もっぱ》ら精神文化の活動を通じて道義の昂揚に力を致し、混乱せる世道人心の復興に貢献されると共に、広くアジアの文化交流と指導に尽された功績は、真に没すべからざるものがあります。かくの如くその為人《ひととなり》と云い、その識見と云い、君は私の知りうる限り正に近来稀にみる人物であると、日頃心から畏敬《いけい》して止まなかったものであります。

武蔵野に悠々《ゆうゆう》自適の生活に入られてから後も、その仁徳を敬慕して、君の門を訪れる者跡を絶たなかったという事も、誠に宜《むべ》なる哉と思うのであります。

今茲に、幽明境《ゆうめいさかい》を異《こと》にし、君の霊前に立って弔詞を述ぶるは私にとって誠に感無量、痛惜の念に堪えない次第であります。しかし、君が残された偉大なる足跡は、必ずや後に続く人々により引継がれ、永く世道人心に裨益《ひえき》して、邦家の繁栄に寄与するところ大なるものありと信じて疑わないものであります。

希《ねがわ》くは在天の霊安らかに眠られんことを」

この時、小倉より三つ年下の吉田茂は八三歳だった。その吉田も、これから六年後に亡くなっている。

ここで、住友と西園寺公、すなわち西園寺公望との関係について触れておけば、当時の住友家の当主、住友吉左衛門友純は西園寺公の実弟である。

明治天皇の侍従長をつとめた公爵《こうしやく》徳大寺実則《さねつね》が長兄で、公望も友純も、徳大寺家から西園寺家と住友家へそれぞれ養子に入った弟だった。

そして、近衛は西園寺に愛されて政界入りをしている。そうした関係で、近衛と住友はきわめて近かったが、さらに小倉正恒の場合は、近衛の母親が加賀前田家の出身であり、小倉も旧加賀藩士の家に生まれたので、前田家を通じて、大学生の頃から近衛と知り合っていた。

それで近衛は、最初に大命を拝して第一次近衛内閣をつくった時、すぐに小倉に大臣就任を要請している。

しかし、後継者問題もあって、小倉が住友を離れることは不可能だった。

さらに、第二次近衛内閣でも入閣の交渉を受けたが、断らざるをえなかった。

そして三度目の正直、第二次近衛内閣の第二次改造に際して入閣を求められ、ついにそれを受けたのである。

国務大臣として入閣する小倉の役割を、近衛は新聞記者にこう語っている。

「小倉さんに入ってもらったのは経済問題を纏めてもらうためだ、僕は経済問題は苦手だし、平沼（騏一郎）さんも経済は余り得意でないらしいからね」（一九四一〈昭

和一六〉年四月二日、東京日日新聞）

「戦時統制経済を強力に遂行するためには、経済閣僚の意見を取纏めて統一することが必要であり、小倉君の入閣により、機構の運用とあわせてこれが実をあげようというわけである」（同日、朝日新聞）

一方、小倉は、同日のこの朝日新聞で、

「大臣の仕事に自信があるか？」

という記者の質問に、

「ナニ、自信があるかって？　自信も何も問題じゃないよ、こうして出るからにゃ大いにやるさ」

と答えている。

また、現在の毎日新聞の前身の東京日日新聞には、

「何をいってももうこんな老人だから細かい仕事は出来もしないが日本全体についての大まかな仕事だったらまだまだ御奉公出来そうだから時局が切迫して来るとわがままばかりもいっておれない。（中略）

北条時宗《ほうじょうときむね》が元寇《げんこう》の乱の大非常時を乗切ったのは仏光国師という偉い坊さんから莫《まく》妄想《もうぞう》という言葉を聞かされ今までの迷いが一ぺんに醒《さ》めたからあんな大英断がやれた

のだ、私が入閣すれば、捨身の御奉公をするだけだ」

という小倉の談話が載っている。

ただ、当時は元寇以上の「大非常時」だった。日華事変に始まる戦争はまさに泥沼状態にあり、近衛は軍部を抑えようとして大政翼賛会をつくったが、それも逆に軍部を暴走させる雰囲気づくりに利用されていった。

第二次近衛内閣が標榜《ひょうぼう》した「政治新体制」と「経済新体制」の確立のうち、前者は全政党の解消、大政翼賛会の発足という形で進み、後者は「皇国を中心とする日満支三国経済の自主的建設を基調とし、国防経済の根基を確立する」という「基本国策要綱」に基づいて、企画院が中心になって、次のような「案」を練っていた。

「日本経済の飛躍的増強のため、公益優先と高度計画経済の原則を貫徹した経済体制の確立を期す。しかして生産、配給、消費の全面的なる計画経済の確立を期し、そのため業種別全体組合を結成するとともに、最高経済会議を結成する。

重要産業については、カルテルないしトラストを全く新たな形態に再編する一方、商業道徳の根本的刷新の上、一元的な配給機構の確立を期す。

また農業部門については、その生産力の発展と農村の協同化を目標として、新農業生産体制の創造を計り、あわせて農業団体ならびに農村生活の再建を期す」

といった骨子で、「指導者原理」の確立、資本と経営の分離、利潤や配当の抑制など、ナチス流の統制経済思想の下に、日本経済を再編成しようとするものだった。

「統制」と「自由」――これは経済の永遠のテーマだが、自由を殺すようなこんな案では、民間企業の創意や責任は無視され、ために生産力は伸びない。

そのことを十二分に知っている小倉が、日々、統制色を強めていく日本経済のカジ取りを任されたのは、ある意味では悲劇だった。

それはともかく、四月五日、住友を去るに当たって、小倉は住友関係会社の代表者である主管者たちを前に、

「私の体は住友を去りましたが、心は住友を去りません。永く住友の上に留《とどま》って直接、間接にお役に立ち度《た》いと念願して居ります」

という訣《わか》れのあいさつをした。

ところで、『住友回想記』を書いた川田順が「彼は到底、住友池中の魚ではない」と評した小畑忠良という男がいる。

戦後、革新系から大阪府知事選に立候補した〝変わり種〟だが、岸信介は旧制の一高、東大を通じての同期生だった。

小畑は企画院の後、産業報国会の理事長をやり、そして、近衛総裁の下、大政翼賛

会の事務総長となった。

平和を望み、戦争の不拡大に心を砕きながら、結果的に、軍部の膨脹《ぼうちょう》を抑止しきれなかった近衛の、第一のボタンのかけちがえは、一九三八（昭和一三）年一月一六日付の「爾後《じご》国民政府を対手《あいて》とせず」という日本政府声明だった。

これについて、近衛内閣の内閣書記官長だった風見章《かざみあきら》の『近衛内閣』には、次のような近衛の手記が引用されている。

「昭和十二年（一九三七）の暮に、独大使トラウトマンを通じ、和平交渉がはじめられた。日本政府の提案を示し、この間、一月十日まで、南京《ナンキン》政府の回答は、遷延《せんえん》をかさねたため、ついに一月十六日の声明、いわゆる蔣介石を相手にせずとなったのである。これは、帝国政府は、国民政府を相手とせずして、帝国と共に、提携するに足る新興新政府の樹立発展を期待し、それをもって、両国国交調整を行わんとの声明である。この声明は、識者に指摘せられるまでもなく、非常な失敗であった。余自身ふかく失敗なりしことをみとむるものである。従って、この声明の誤謬《ごびゅう》を是正せねばならぬという考えの下に、再び重慶との、よりをもどすことに、種々の手を打ったのであるが、成功せず、同年十一月三日、国民政府といえども、その抗日政策を放棄し、東亜新秩序の建設に努力するにおいては、あえて、これを拒否するものにあらずとの声明を出すにいたったのである。この約十ヵ月間は、重慶との関係が、まったく絶えてしまっていたのであった。更に、緩和声明につづいて、十二月二十二日、帝国の要求は、領土にあらず、賠償にあらず、真の日支融合であるという近衛声明を出したのである」

なびきそうもない女性に、勝手に「相手にしない」という声明を出し、その間、別の女と仲よくしようとしてうまくいかず、再度、「自分を好きになるなら相手にしてもいいよ」と声明を出す。まさに滑稽《こっけい》極まりない醜態を日本はさらしたのだった。

名門の坊ちゃんである近衛には非常に独善的なところがある。

その点は、やはりエエカッコシイだった元東京都知事の美濃部亮吉と似ているようにも思うが、こうした近衛の下で、小倉が「捨身」の経済運営をすることはできなかった。それは国務大臣から大蔵大臣になっても変わらない。

小倉の「覚悟」にもかかわらず、近衛内閣は第三次を成立させてまもなく、瓦解《がかい》してしまった。

そして、陸相だった東条英機《とうじょうひでき》に組閣の大命が降下する。東条はその夜、小倉に蔵相留任を求めてきた。小倉は即座に断ったが、東条はあきらめず、電話で長時間ねばられた。

神山誠の『小倉正恒』によれば、小倉は、

「自分は近衛公とは永年の知り合いであり、特に懇請されたから止むを得ず入閣したのであるが、近衛公のいない内閣に入る気持は毛頭ない。それに、自分はすでに老齢であるから、ますます苛烈《かれつ》を加えつつある現下の時局にあっては、もっと若い人を選ばれた方がよいだろう」

と丁重な言葉で繰り返し、入閣を断ったという。

それと同時に、小倉には、東条内閣への入閣を断るもう一つの理由があった。それは、東条が首相になれば、日米の開戦は避けられず、自分の希望するところと反するという考えである。

小倉は一九四〇（昭和一五）年六月、フランスがドイツに降伏し、イタリアが参戦した時、いまこそ日本にとっての戦争終結のチャンスだと、側近にもらしていた。しかし、日本はそれを生かさず、戦争への道を突っ走っていったのである。

近衛の下では、なお和平を模索することができるかもしれないが、東条の下では、それはできない。まして、アメリカとの外交交渉打ち切りを主張して近衛内閣を総辞職させた張本人の東条に協力することなど思いもよらない。

言葉はていねいだが、小倉が東条の入閣要請を断った裏には強い拒絶の意志が隠されていた。

大体、小倉は大臣などというものを、そんなにありがたいとは思っていなかったのである。

小倉が国務大臣になってまもなく、小倉に、

「大臣と、(住友の)総理事とどちらがえらいですか?」

と尋ねた者がいた。

すると小倉は即座に、

「そりゃ、総理事の方がえらい」

と言ったという。

この「えらい」という言葉には、「地位が上」という意味と、「任務がたいへん」という二つの意味が含まれているが、小倉は、総理事に比べて大臣の地位をその程度に考えていたのである。

この、東条内閣への入閣拒否を評して、当時の大蔵省詰めの新聞記者たちは、

「力士と大臣は退きぎわが大切だが、小倉は池田成彬(第一次近衛内閣の蔵相兼商工相)と並んで、退きぎわのきれいな大蔵大臣だった」

と言っていたとか。

「剣禅一如」の精神を持ち、「春風の如き人間」といわれた小倉は、また、戦後、一切の公職に就かなかった。この「退きぎわ」もまた立派だったが、いま、こうした政財界人は少ない。

3　住友グループの老害トリオ

グループ間の亀裂

「住友はやっと『全国区』になったということでしょうね。まだダメですかな」

いかつい風貌に似合わず謙虚な感じの住友銀行頭取、小松康は同行東京本部の応接室でこう語り始めた。

そのとき小松は、あるいは、住友銀行が平和相互銀行を合併して首都圏にも店舗を広げ、それによって「全国区」になったという意味で、そう言ったのかもしれない。

しかし、「大阪地方区」から「全国区」への拡大は住友グループ全体の願いである。実力があっても住友は大阪を本拠とするが故《ゆえ》に「地方区」に押し込められてきた。

たとえば、住友銀行は預金量では第一勧銀に次いで二位なのに、平成までは一度も全国銀行協会の会長行になったことはない。

当時、預金量ランクは、三位が富士で、以下三菱、三和、東海、三井と続くが、会長のポストには、一勧、富士、三菱、三井の四行の頭取（三井のみ社長と称する）が順番につくことになっている。

三井は七位という中位行なのに、〝名門〟の「全国区」ということで、全銀協会長の椅子にすわることができる。

かつて、住友銀行の〝法皇〟といわれた堀田庄三が、日銀総裁の椅子をねらい、結局、三菱銀行の宇佐美洵にそれをさらわれて絶句したというのは有名な話である。堀田はその後、日本航空の会長になって「全国区」入りを果たしたが、住友はこれまで、やはり、地方の豪族扱いされてきた。天下に号令するのは旧財閥グループでも三井、三菱、あるいは安田といった〝全国銘柄〟だとされてきたのである。

戦前に遡っても、三井銀行の池田成彬とか、安田銀行（のちの富士銀行）の結城豊《ゆうきとよ》太郎《たろう》とかは日銀総裁になっているが、住友銀行出身者は一人もそのポストについていない。

住友本社の総理事だった小倉正恒が近衛内閣の大蔵大臣になったのは、例外というべきだろう。

この位置関係に住友グループの現在を解くカギがある。

『住友銀行経営会議』（講談社文庫）の著者、梶原一明は、会長の磯田一郎が、

「どうですか。住友銀行はよくなってきたでしょ」

と、ことあるごとに口にすることを紹介しながら、

「企業イメージは一朝一夕に消えるものではない。全銀協会長のポストが住友銀行に回ってこないのは、住友銀行が関西に本拠を置いている、といった理由だけではなかろう。在京の都銀四行による会長持ち回りは、素人目《しろうとめ》に見ても不自然である。だが、このボイコットは、なにをやるかわからないという、根底に住友銀行への警戒心があることはたしかなのである」

と書いている。

この「なにをやるかわからない」という住銀のイメージを固定させた例として、大正製薬のメインバンク変更がある。

大正製薬の社長は旧姓堀田の上原明《あきら》。堀田庄三の次男のこの明は一九七七（昭和五二）年に同社に入社している。同社のオーナー、上原正吉、小枝夫妻の孫娘と明が結婚し、社長のポストが約束されたことで、同社のメインバンクは三菱銀行から住友

銀行に移された。ちなみに同社専務の大平明は元首相、大平正芳の三男で、もう一人の孫娘と結婚している。同社は二人の明という閨閥《けいばつ》で固められた会社なのだ。

俗に、「人の三井」「組織の三菱」「結束の住友」といわれるが、住友銀行は住友金属工業をはじめ、業界首位のない住友グループの主要企業の面倒をみるよりは、松下電器産業、三洋電機、ブリヂストン、マツダ、小松製作所、鹿島建設、出光《いでみつ》興産、朝日麦酒《ビール》といった外延企業の育成に力を注いできた。

グループの中心になるべき銀行がこうした外延作戦を展開したので、「結束の住友」といっても、それは非常にゆるやかなものになっている。

ところが、世の中のほうはそうは見ていない。住友不動産会長宅襲撃事件に関連して、住友銀行までとばっちりを食ったのも、そのいい例だろう。

一九八七（昭和六二）年の一月一三日、右翼が住友不動産会長の安藤太郎宅に乱入して夫人を人質にとり、「悪徳商法の元凶である住友不動産の責任を追及する」と主張して話題となったが、この騒ぎには前段があった。

一九八六（昭和六一）年の八月「幻の旅団プラス23面相」と名乗るグループから、マスコミ各社に次のような関西弁の文書が送られてきていたのである。

〈児玉誉士夫《こだまよしお》はんと深い関係やいう住友不動産の天皇はんこと安藤太郎がきょ年、社長の座から会長になりはった。こんとき、業界筋は「あの安藤が社長の座をなぜおりたんかい」ゆうてまんね。たぶん、住友ゆうグループが東京郊外町田市に計画しはった「町田プロジェクト」がコケてしもうたからやいう〉

町田プロジェクトとは、住友不動産が中心となって進めていた町田市内の大規模宅地造成計画である。

同社は地上げ屋の「都市企画設計」と組んで金融業者から約八〇億円を集め、五年ほど前から用地買収にかかった。

しかし、買収はなかなか進まず、それどころか、「都市企画設計」が借金の穴埋めに資金を使った上に倒産し、住友不動産と住友商事の担当幹部が個人名の「返済保証書」に署名していたため、金融業者からその幹部たちが矢のような催促を受けることになった。

前記の文書はこう続ける。

〈だれかて住友の支払保証書を見れば安心するで。不動産業者、金融業者は都市企画設計が返済不能ゆうことになれば当然、住友両社に対し、返済求めるで。安藤太郎ビビリおった。悪ガキだ。借金踏み倒しを考えおった。それで、事業担当責任しおった住友不動産企業第三部長・大浜民郎を懲戒免職処分つまりクビきりおった。ワケは

「役員会の議決を経ないで支払保証書発行した」。これ、なんやね。早い話、借金踏み倒したくらんだんや〉

この文書が出て二ヵ月経った一九八六（昭和六一）年の一〇月、東京地検は、大浜らを詐欺《さぎ》容疑で逮捕し、この文書が根も葉もないものではなかったことを裏づけた。アンタローと呼ばれる安藤太郎は住友銀行の副頭取から転じて住友不動産の社長となったが、七五歳まで社長を続けるなど権力欲が強く、アンタローではなく悪太郎だといわれてきた。

このアンタローの出身企業の住銀会長、磯田一郎あたりが、もっと早くこの老害経営者の首に鈴をつけるべきだったのではないか。

住友グループは、住友銀行、住友化学、住友金属工業という、かつての御三家から、住友商事や日本電気といった新興企業に中心が移りつつある。その新旧交代を妨げるのは、住友金属工業名誉会長の日向方齊と、住友化学取締役相談役の長谷川周重である。これに安藤太郎を加えて、住友の老害経営者トリオといってもいい。

日向については、私は『潮』の一九八三（昭和五八）年五月号で、「軍拡発言の日向方斉《ママ》氏への公開質問状——徴兵制発言を繰返す関経連会長の良識を問う」を書き、「取締役支配人　河上喜市」名の抗議文をもらったこともあるが、わざわざ大阪からこれを持ってやってきた住金の広報部長を前にして思ったのは、やはり住金は「地方区の会社」だな、ということだった。

たとえば、新日鉄の永野重雄や稲山嘉寛といったトップを批判しても、新日鉄の広報部長がこんなものを持ってくることはない。あるいは、三菱グループのトップをきびしく批判しても、広報の人間が居丈高に「抗議文」などを持ってくることはないのである。

関西相互銀行との合併の失敗が平和相銀との合併の教訓となったのかという私の質問に対して、住銀頭取の小松康は、

「われわれがいいと思ってやったことでも、世間様はいいと思わないことがある。いいか悪いかを決めるのは世間の評価だということですね。それを関西相銀との件で学んだので、教訓となったといえるかもしれません」と静かに語った。

住友ニューウェーブのこの小松や、住友商事社長の伊藤正、あるいは住友海上火災保険社長の徳増須磨夫《とくますすまお》らにはこうした謙虚さがあるが、前記の老害トリオには、まったくそれはない。住友グループの課題は、彼らをいかに〝安楽死〟させるかだろう。彼らが権力を振るえば振るうほど、それらの企業および住友グループの若返りは遅れる。

たとえば日向は、「資本の論理」を無視し、「メンツの論理」だけで強行して失敗した住軽アルミ問題の責任をとっていない。

一九七三（昭和四八）年に、日向は同じ住友グループに住友化学系の住友アルミがあるのに、精錬から圧延までの一貫体制をとるとして、あえて子会社の住友軽金属に住軽アルミをつくらせ、山形県酒田市に工場を建設した。

このとき、住友同期でライバルの住友化学会長、長谷川周重との間で激しい争いとなり、住友グループ内では調整しかねて、時の通産大臣、田中角栄が調停に入った。長谷川は学生時代から福田赳夫と縁があり、長谷川と対立する日向は、ために田中に頼んだともいわれる。日向は同じ山梨出身ということで小佐野賢治とつながりがあり、その線で田中に頼んだのかもしれない。

当時、住友のリーダーは堀田庄三で、堀田は佐藤栄作の後の首相に田中がなることはあるまいと見て、後継を争う三木武夫、福田赳夫、大平正芳の三人にグループとしての政治献金を配り、それを怒った田中が日向の肩を持った、と梶原一明は語る。

堀田が田中の目はないと見たのは、田中が小佐野賢治との線で大阪での住銀のライバル、三和銀行と近く、田中がなっては困るという願望の表れでもあった。

ともあれ、この「住友酒田戦争」あるいは「住友アルミ戦争」によって、堀田のリーダーシップは失墜するとともに、住友グループの間に大きな亀裂《きれつ》が入った。

こうまでして設立した住軽アルミだったが、当時、すでに電力を食うアルミ業界は構造不況の中にあり、案の定、うまくいかなかった。結局、厖大《ぼうだい》な赤字を積み重ねた末、一九八二（昭和五七）年に住軽アルミは撤退を決めざるをえなかった。会社設立から一〇年足らず。操業開始からわずか五年で、こうした状態に追い込まれたのである。

経営は見通しであり、その見通しに対する結果責任なのに、日向はその責任をまったくとっていない。

私は一九八七（昭和六二）年の三月末に酒田を訪れた。まず、住軽アルミの社宅に行ったが、社長だった別府の表札がかかる家を含む六軒の「エライさん」の住宅はすべて雨戸が閉ざされ、その後ろにあるアパート群とともに荒れ果てていた。ほとんど活動していない一平方キロメートルにも及ぶ酒田北港の工場は、恐竜《きょうりゅう》の死骸《しがい》のように不気味に横たわっている。折からの雨で、それはいっそう無残に見えた。

地元住民をぬか喜びさせただけで、その夢をつぶした光景を目の当たりにしながら、私は四年前の一九八三（昭和五八）年六月二八日に開かれた住金の株主総会での空《むな》しい論議を思い出していた。

住軽アルミ撤退の責任を問われた当時の社長、熊谷典文《くまがいよしふみ》が、

「当期決算に関する住軽アルミニウム工業株式会社の清算損失の内訳について詳細に説明せよということですが、清算損失の内訳は、同社の八二年五月三一日までの累計《るいけい》損失が二一四億円、資産処分損三七一億円、清算費用五八億円、合計六四三億円でございます」

と答えたのに対し、ある株主が立って、「当社負担分」の最終損失は二八一億円だと確かめた上、

「これはすごい問題だと思うんです。（中略）この多額な損失を計上するに至った経営政策の原因を少なからず究明し、将来の住友金属がこのような失敗をしないでもらいたい」

と追及した。

そして、「住友アルミ戦争」の一方の立て役者だった日向方齊（当時、会長）の答弁を求めたのである。

日向は、いろいろ言い訳を並べた後、

「情勢判断を誤ったといえば誤ったでありましょう」

と言いながら、

「なお、幸いにして住軽アルミの従業員は、大体において地元に就職させるか、また帰農するかその他において、従業員には迷惑をかけておりません」と開き直った。

「住友アルミ戦争」については、「(住友化学の) 長谷川君と私とがケンカしたようなことが新聞等でおもしろおかしく書いてございましたが、個人的なことはなんにもないのだとか。

しかし、そう言い切れるのか。

電力を食うアルミのために、クロマツ五〇万本を切ってつくった共同火力発電の電力は供給先を失って頭を抱えている。

また、アルミ精錬はフッ素ガスをまきちらすとして、公害反対訴訟が、地元の眼科医、豊田春満と農政ジャーナリストの佐藤繁実によって起こされた。「クロマツ訴訟」と呼ばれるが、経営判断の誤りによって荒らされた環境はもとにはもどらないのである。

前記の総会においては、ある株主が、

「先ほど酒田は (従業員の転職問題は) うまくいっているというような話があったけれども、住軽アルミがつぶれたために酒田は大不況となった。酒田では住軽アルミが一番大きなもので、それをあてにして家を建てた者もいる。そういう人がローンも払えないでいるという、その事実だけ申し上げておく」

と言っている。

その株主は、

「そういう意味からも、経営責任を本当にしっかり考えてもらわんと」

と言いながら、議長役の熊谷典文に、

「酒田へ行ったことがありますか」

と尋ね、

「行ったことはない」

という返事を得ると、

「いっぺん行かなアカン」

と注文をつけている。

結局、特殊株主、いわゆる総会屋らしく、こうした株主たちも、最後は、

「本来ならば住軽アルミ問題で、会長（日向）はじめ熊谷社長にここは潔く責任をとってもらうのが、われわれの希望する立場でありますけれども、しかしながら質疑応答する中において、あなた方の真面目《まじめ》な、力強いお言葉をいただきまして、私はじめ株主も、ある面においてはあなたたちに（経営を）委託するような気持ちになりまし

た」

とホコをおさめているが、総会屋に情けをかけられて留任して、日向は恥ずかしくないのだろうか。

この株主からはさらに、

「私は日向会長や熊谷社長にやめろとか何とかは申しませんけれども、日本の慣習というか、企業にとっては一番のアキレス腱《けん》だと思いますけれども、社長から次にいく役職は会長だと、会長から代表権をとられて相談役、そして退任という形になります。

ここで私が申し上げたいのは、将来、代表権を持つ日向会長並びに熊谷社長、特に熊谷社長にひとつ、あなたは試練の場に立たされておりますので、自主的に、あなたが本当にこの住友金属工業を愛されるならば、代表権をはずされて、そして新しいニーズに即応する人事をやられて、新しいサイドから住金を見守るお考えはございませんか」

とまで言われている。

ところで、企業グループの識別を最も鮮明にするのはビールだという声もある。三菱グループはキリン、芙蓉グループはサッポロ、そして住友グループがアサヒである。この朝日麦酒の会長の村井勉《つとむ》、社長の樋口廣太郎とも住友銀行の出身だが、村井が西日本旅客鉄道の会長となって、また、マスコミに騒がれた。

また、というのは、マツダの再建に駆り出されて、これを果たし、朝日麦酒の再建にも駆り出されて、それを果たしつつあるところだったからである。

この人事劇に何人かの住友首脳の名が見え隠れした。

東日本旅客鉄道の会長は二転三転した上に三井造船相談役の山下勇がなったが、西日本のそれに最初擬せられたのは関西電力会長の小林庄一郎《しょういちろう》だった。これを小林は、関電名誉会長の芦原義重《あしはらよししげ》とその腹心の内藤千百里《ちもり》(同副社長)が、関電から自分を追い出す策謀ととって、一九八七(昭和六二)年二月二六日の関電クーデターに踏み切ることを決意する。

この間の事情に詳しい梶原一明は、当日の関西電力取締役会に非常勤取締役の日向方齊が欠席したのは意味があったのだ、と語る。日向によって、早く関西経済連合会

逆命利君

会長の座を降ろされたと思っている芦原は、日向の欠席を「いろいろ、忙しいんやろ」と気にもとめなかった。

しかし、小林は、欠席した日向の非常勤取締役は留任とし、芦原と内藤を取締役からはずす緊急動議を提出する。

そして、あのクーデターとなったわけだが、小林が芦原と対立する日向にこの計画を打ち明け、その支持を頼んだのは、日向の取締役会欠席という事実に明らかであり、さらに小林は日向を通じて密《ひそ》かに同業の東京電力会長の平岩外四や、日本興業銀行特別顧問の中山素平といった東京の有力財界人の支持も取りつけていたらしい。

日向が自分の後の関経連会長に指名した東洋紡会長の宇野収は合併前は呉羽紡《くれはぼう》で人事課長をしており、当時の部下に時の運輸大臣の橋本龍太郎がいる。

この宇野橋本コンビが日向に、小林庄一郎が断った西日本旅客鉄道の会長人事を相談し、日向は同じ住友グループの新実力者、住友銀行会長の磯田一郎にそのことを諮《はか》った。ちなみに、日向の女婿の小松健男《たけお》は住銀の専務である。

磯田は、西日本旅客のメインバンクに住銀がという思惑もあって、再建男として知られる村井勉を推薦する。

そして、二月一七日、電撃的に村井の西日本旅客鉄道会長就任が決まるのだが、その直後にインタビューした梶原一明に、村井はこう語ったという。

「その日、出社すると、磯田さんから『西日本旅客鉄道の会長をやってくれ』という電話をもらいました。

私は、住銀からマツダや朝日麦酒に転じたときもいきなりいわれて、『ハイ』と即答してきたんですが、三回目の今度が一番唐突でした。しかし、再建途上の朝日麦酒の会長兼任でいいということですし、『お受けします』と答えたら、磯田さんは日向さんからも続いて電話があるはず、というのです。

その通り、すぐに日向さんからも電話があって、『関西財界挙げて応援するからがんばってもらいたい』ということでした。

さらに、午前一〇時半でしたか、橋本運輸大臣から『お願いする』という電話で、大臣は『この人事は情報がもれるとこわれるから、正式発表の時間を連絡するまで、もらさないように』と付言されました。

それで私は一一時に得意先の人と昼食に行って二時に帰って来たんですが、もう一二時のNHKニュースで、私の西日本旅客鉄道会長就任が流されているという。驚いていたら、すぐに運輸次官から電話があって、『連絡なしに発表したことを許してくれ』ということでした」

ここに、日向の「関西財界挙げて」という言葉が出てくるが、関西財界は決して一枚岩ではない。

先の「住友アルミ戦争」で生じた日向と長谷川の住友内部の確執は一九八一（昭和五六）年の「大阪財界戦争」によってさらに深まった。

この戦争は、経団連副会長という「全国区」のポストに就いていた住友化学会長（当時）の長谷川周重が、「大阪地方区」に帰って大阪商工会議所会頭になりたいと思ったことが発端だった。

これに反発した大商会頭、佐伯勇（近鉄会長）が、老害批判をかわすためが次の会頭はサントリー社長の佐治敬三にするから、もう一期だけ自分を、と応酬し、億単位のカネが乱舞する醜い争いが展開された。

このとき、日向は長谷川憎しで佐伯側に立ち、芦原は日向憎しで長谷川方について争い、日向と長谷川の間で住友グループは〝複雑骨折〟を起こしたのである。

老人たちの勲章欲しさが原因のこの会頭選挙のあまりのバカバカしさに、票集めに本腰を入れなかった住友系企業のある広報部長はあとで左遷されたともいう。

だから、関電クーデターにつづく西日本旅客鉄道会長人事でも、日向主導のそれに芦原はもちろん、長谷川周重もおもしろく思ってはいなかったはずである。

さて、安藤太郎が社長の座を去って、現役社長が集まる住友の白水会に七〇歳を超える社長はいなくなった。この白水会では、どんなことが話題になるのか。

住友商事社長の伊藤正にそれを尋ねると、伊藤は、

「昨今は為替の話が中心ですね。どうしても関心が高いですから。そうした話は銀行の巽《たつみ》（外夫《そとお》）さんや信託の桜井（修）さんから聞く。また、日本電気の関本（忠弘《ただひろ》）さんとかがよく発言しますね。というより、質問が集中するわけです。電工の川上（哲郎《てつろう》）さんにも同じように質問がいく」

と答えてくれた。

昔は、銀行は別格として、金属（工業）や化学が住友の中心だった。しかし、重厚長大産業が不況なので、そうしたところの話はどうしても後ろ向きになる。それで、自然に、電工や日本電気といったハイテク産業の前向きの話を聞きたいという気持ちになるのだろう。

伊藤はよく、住友の初代総理事の広瀬宰平がしばしば使った「逆命利君」という言葉を引く。

「命に逆らい君に利する」で、住商の関連会社のサミット最高顧問で安土敏という筆名を持つ作家でもある荒井伸也は『企業家サラリーマン』（講談社文庫）の中にこの

言葉を登場させ、命令に逆らっても、会社の利益になることをするのは、会社に対する偽りのない真心だといった意味だ、と解説している。

これを、伊藤はこう説明する。

「（広瀬の時代は）住友の当主がまだ象徴的な存在で、企業と完全に分離していない頃ですから、当主に苦言を呈することも多かったんでしょう。そういう時に上からの命令に逆らって進言する。何でもイエスサー、イエスサーというイエスマンでは本当の忠ではない。命に逆らわざるを得ないこともあるんだ。正しいと思うことを敢えて言う。これが企業に利する道であり、忠なんだというわけです」

下の者が上の者に、生半《なまなか》な気持ちで、「あなたは間違ってますよ」と言えるものではない。下から上にものが言えないようではコミュニケーションのパイプがつまり、風通しが悪くなる。伊藤はこう強調するが、住友グループ全体としての「風通し」は果たしていいのか。

それはともかく、別子での銅の精錬から出発した住友の家法を定めたのも、広瀬宰平だった。

一八八二（明治一五）年に、家祖の住友政友が残した遺訓などを参考にして、百九十六条のそれが制定された。その後、改正されて、「営業の要旨、二箇条」にまとめられたものが、次の俗にいう住友精神である。

第一条、我営業ハ信用ヲ重ンジ、確実ヲ旨トシ、以テ一家ノ鞏固《きょうこ》隆盛ヲ期ス

第二条、我営業ハ時勢ノ変遷《へんせん》、理財ノ得失ヲ計リ、弛張《しちょう》興廃スルコトアルベシト雖モ、苟モ浮利ニ趨《はし》リ、軽進スベカラズ

この「苟モ浮利ニ趨リ、軽進スベカラズ」で、アメリカから戦闘機導入のための代理店の話が来た時、当時の住友商事社長、津田久はこれを断り、住商はロッキード事件などの汚職に巻き込まれなかった。

「軍備の関係はどうしても政治がらみになる。まあ、生い立ちが関西ですから、どちらかといえば政治がらみの仕事は得手ではないということです」

伊藤正はそのことについて、こう語る。伊藤も、そして、住銀元頭取の小松康も、尊敬する住友の先達として、広瀬の次の総理事をした伊庭貞剛を挙げた。

〝住友の西郷隆盛〟といわれた伊庭貞剛について、住友の常務理事をつとめ、歌人としても著名な川田順が『住友回想記』で、次のように書いている。

「東海道列車が瀬田の鉄橋を通過する際、車中の住友人は大抵の場合、顔を窓ガラス

に押し付けて唐橋《からはし》の下流を眺《なが》め、右岸の、小高い山のみどりに眼を凝らして『あすこが伊庭さんの亡くなられた別荘だ』と、なつかしく思い出すものらしい。それ程に伊庭貞剛は人望があった」

伊庭は「少壮と老成」と題した一文で、「事業の進歩発達に最も害をするものは青年の過失ではなくて老人の跋扈である」「老人は少壮者の邪魔をしない様にするということが一番必要」と喝破しただけに、その出処進退は実にさわやかだった。

伊庭はまた、「人間、もっとも大切なことは後継者を選ぶことだ。そして、さらに大切なことは、その時期を選ぶことだ。また、後継者にいつまでも事業をひきつがないのは、自分が死ぬことを忘れた人間だ」と痛烈に指摘したともいう。

この伊庭貞剛をはじめ、小倉正恒、川田順など、住友は傑出したリーダーを輩出してきたが、その清流は、代表取締役名誉会長という珍妙なものになった日向方齊や長谷川周重によって一時濁らされたといわなければならない。

それが、伊藤正、徳増須磨夫、川上哲郎ら、新しいリーダーによって早く清らかさを取り戻すことを私は望みたい。そのとき、「大阪地方区」の住友グループは名実ともに「全国区」のナンバーワン企業集団になるだろう。

4　住銀、小松解任事件

悪評から読み取れるもの

磯田一郎の小松康いびりは、磯田を高く評価する雑誌『経済界』の一九八七（昭和六二）年初めの小松批判記事から始まった。

とかくの噂が絶えない同誌主幹、佐藤正忠は、二月一七日号の同誌に、

「業績悪化で住友銀行頭取小松康が『引責辞任』か⁉」

というタイトルで、小松へのさまざまな悪評を集めている。

「小松頭取は、もっと人を信用しないといけないな」

と、有力OBが言えば、住友グループの社長が集まる白水会の社長たちは、

「あんな男、ダメだな、グループのリーダーじゃない。一日も早くトップを交代しないと、住銀は二流、いや三流銀行に転落してしまう……」

と言っているとかいった具合である。

さらに、白水会の有力企業のトップで発言力のあるB氏は、

「白水会の中心はなんといっても住銀です。磯田さんのときは、リーダーシップを発揮し白水会を引っぱってきました。小松さんにはリーダーシップが足りないと思うな。経済環境が良くない時代ですから、明るく積極的な人がリーダーにふさわしいんですよ。小松さんにリーダーとしての自覚を持ってもらわないと白水会の地盤沈下が心配だね」

と、表情をこわばらせて言ったという。

そして、佐藤は「B氏だけではない。白水会の中では、もう小松非難の声は大合唱になりつつあるといってもいいのではないか」と結論づけているのだが、私は一九八七（昭和六二）年二月の時点で、『経済界』にこの記事が載ったことに注目したい。問題のある人間が書いたその人についての悪評は、私はその人が問題のある人間に屈しなかった証拠だと思うし、逆に、たとえば佐藤正忠が磯田一郎を絶讃《ぜっさん》すれば、私は、佐藤は磯田にモノが言えないのだな、と思う。

つまり、この記事は、まったく、姑から聞いた嫁の悪口をそのまま並べたものとしか言えないのである。

それを裏づけるように、佐藤は小松と一時間会った時のことをこう書いている。

「今日はなんですか」

と小松に言われて、

「いかにも合理主義者らしい小松氏の第一声であった。どうもこの人は、人の心を知らない。相手の立場になろうとしない。ジャーナリストとしてこういう表現は甚だ不愉快なのである」

と決めつけるのだから、佐藤の思い上がりのほうが甚だしい。

私も八七年の四月に取材で小松と会ったが、非常に謙虚な人だなと思いこそすれ、「人の心を知らない合理主義者」などとは考えもしなかった。

大体、白水会のメンバーを取材しても、小松非難の大合唱が起こっているなどといった事実はなかった。

むしろ、磯田も、住友金属工業の日向方齊や住友化学の長谷川周重、あるいは、かつての住友銀行の堀田庄三のように、老害化しているといった声こそ聞かれたのである。

堀田以後の住銀のドンに磯田がなったことを示す格好のエピソードがある。

同行東京本部のある応接室に時価数千万円といわれる藤田嗣治《つぐはる》の「婦人と猫」という絵が架けてあるが、この絵は一九八〇（昭和五五）年までは堀田庄三の応接室に飾ってあった。

それを頭取になった磯田が、応接室を改装した時、

「頭取応接室には一番良い絵を」

と堀田から取り上げたのである。

実際に声をかけたかどうかはわからないが、堀田の長期政権の後、頭取となった浅井孝二と伊部《いべ》恭之助《きょうのすけ》は、ともに堀田の部屋からこの絵を持ち出すことはなかった。

それを、磯田がはじめて持ち出したのである。

住銀では答えてくれなかったが、恐らく、小松頭取になっても、磯田の部屋からこの絵は動いていないだろう。

あるメーカーの会長に、この絵の話をしたら、

「事実とすれば、磯田さんは人間の情を知らない人だね。何も堀田さんから取り上げる必要はないじゃないか」

と言っていた。

その会長は言葉を選んでこう言ったが、つまり、この絵に象徴されるように、磯田は決して他人に譲れる人間ではないのである。

もちろん、いつまでも自分の部屋に飾っていた堀田にも問題はある。しかし、では

自分が頭取の椅子を離れたら、磯田は潔く小松にその絵を渡したか？

こんな磯田を、『選択』一九八七（昭和六二）年九月号では、こうまで持ち上げていた。総じて、マスコミは磯田に甘かったが、先の『経済界』の記事と、『選択』のこれは際立っていた。

「住友銀行の突然の頭取交代劇について内紛とか、会長と頭取の権力争いと受けとめる向きが多いが、実情はそうではない。小松康頭取にはゴールドマンサックスとの資本提携や平相合併に対する取組み方にやや問題があったが、それはあくまで枝葉末節。結局のところ、頭取としての器に欠けていたためである。トップとしての戦略性や人間的魅力が不十分であった。水面下であったが行内外の不信不評が高まり、不人気を自覚した小松氏は早くから辞意をもらしたが、それを慰留してきたのが磯田一郎会長である。本来なら相談役にすべきところを、代表権付きの副会長に処遇したのは、温情主義以外の何物でもない。

それにしても、小松氏を頭取にしたのは磯田会長自身。選ばれた方に責任があるが、また選んだ方にも責任がある。磯田氏は後継者選定の難しさを痛感しているはずだが、その矛盾の肥大化をギリギリのところで食い止めたやり方はさすがだ。悪評判となった小松製作所の解任劇とちがって、花も実もある始末だった」

こうした甘口記事が絶えないかぎり、日本に老害会長はなくならず、「墜《お》ちる社長」がこれからも出てくるだろう。

百歩譲って、小松が「頭取の器」でなかったとして、ならば磯田は「会長の器」だったのか。最も疑問に思うのは、小松の後任に巽外夫を選んだことである。

ある金融ジャーナリストによれば、この人事をライバル行は歓迎しているという。

「小松は手ごわいが巽なら」というわけである。

堀田庄三における浅井孝二の役割を巽は磯田に負わされている、と彼は指摘する。

どういう意味かと言えば、堀田頭取時代、のちの住友不動産会長の安藤太郎が東京在住の副頭取として力をたくわえ、堀田の跡を襲わんとする勢いを持った。

それで堀田は浅井を頭取にし、安藤閥狩りをやらせたというのである。プリンスの伊部を傷つけるわけにはいかない。

それでその役目を終えた浅井はわずか一期二年で伊部と交代し、もちろん会長とはならずに相談役になった。

浅井はこのことがおもしろくなかった。あれだけ堀田に尽くしたのに、世間的常識の二期四年もやらせずに頭取の座を降ろすとは、というわけである。

その怨《うら》みが一九八一（昭和五六）年秋の大阪財界戦争で爆発する。大阪商工会議所会頭選挙に、近鉄会長（当時）の佐伯勇と住友化学会長（同）の長谷川周重が名乗りを挙げ、大商副会頭をしていた浅井は反長谷川で動く。

それも、堀田が長谷川を支持し、「会頭、副会頭と住友ばかりでポストを占めるのがまずいというなら浅井をはずせばいいだろう」と言ったと聞いたのが発端だった。

いつまで自分をコケにするのか、というわけだろう。

後段はともかく、この浅井の役割を巽が負わされているというのは、小松を代表権のついた副会長にせざるを得なかったことでわかるように、住銀の中には小松を支持する人間も少なからずおり、巽はそうした小松色の一掃を、磯田に命じられているというのである。

極論すれば、磯田のイエスマン、巽の役割はそれしかなかった。

まさしく、「社長の地位」「頭取の地位」も墜ちたものである。

企業を蝕む老害経営者

かつて、住友金属工業でも、同じような軽量の社長が登場した。日向方齊が任命した乾昇《いぬいのぼる》である。

一九八七（昭和六二）年一月二四日付『日本経済新聞』の「私の履歴書」で、日向はこう書いている。

「後継社長の選任には随分迷った。副社長にはもう一人、鹿島製鉄所建設の陣頭指揮をとった小川義男君という有能な人物がいた。社長の資格としては、人格、識見はもちろん、統率力、実行力、さらには高い視野に立った先見性と調和性が求められる。ただ、当時（一九七四〈昭和四九〉年）の住金はすでに、銑鋼一貫メーカーとしての体制は出来上がっていた。どちらかといえば私の敷いたレールを引き継いで社内をまとめていく、調和的能力に優れた人がいいと判断した。加えて二年先輩という点も考慮して乾君を登用した。鹿島製鉄所建設の初期段階であれば小川君が適任だったかもしれない。小川君には住友軽金属社長として腕を振るってもらうことにした」

しかし、業績は上がらず、乾を登用した自分の責任は棚《たな》に上げて、任期途中で日向は乾のクビを切る。

「社長在任三年半という中途半端《はんぱ》な時期でもあったが、社の将来のために社長交代を了承してもらった」

と日向は前記の「履歴書」を続けている。

だが、事実はそんなキレイゴトではなかった。多くのワンマン経営者、あるいは老害トップと同じく、日向は自分が院政を敷けるように、イエスマンの乾を社長にしたのである。小川では院政を敷けず、より早く引退に追い込まれる恐れがある。

しかし、さすがに乾の無能は隠しきれず、任期途中で解任せざるを得なかったわけだが、悲劇的なのは、衆目の見るところ日向の後継者を確実視されていた小川の下に自然に集まっていた有能な部課長たちが、思いもかけず社長になった乾によって次々に左遷させられたことだった。

別に「小川派」というようなものはなかったのだが、乾はイエスマンの通弊か、猜《さい》疑《ぎ》心《しん》と被害者意識だけは人一倍強く、小川に近かった人間を「小川派」として次々に追放し、さらには、そうした部課長とは「一緒に酒を飲むな」という〝指令〟まで出したという。

結果的に、日向は会社のことを考えずに、自分の保身を考えたことが明らかになった。

小松製作所や住友銀行の「社長解任」がどういう結果を招くか。

日向や磯田のような老害経営者とまったく対照的なのが住友金属鉱山会長の藤崎章である。

藤崎は一九八三（昭和五八）年六月、まだ六六歳で元気なのに、「自分の存在自体がプレッシャーになっている」ことを感じて社長をやめた。

役員会で藤崎が発言すると、出席者の発言が慎重になったり、讒言《ざんげん》してくる者はいるが、まともな非公式情報が入らなくなったりしてきたからである。

そんな藤崎だから、会長になっても、相談されない限り、社業には一切口を出さない。

そして、「狭い家におさまり切らず、会社の倉庫の世話にもなっている」ほどたまった本をひたすら読みふけっているのである。

こうした藤崎のような人物と違って、何も趣味のない人間がトップになるとその座を死守しようとするのだろう。

そうした人間を憐《あわ》れむように、『日経ビジネス』の一九八四（昭和五九）年一月二三日号で藤崎はこう言っている。

「よく社長の座にいつまでもしがみつく人がいますね。そういう人に限って、経営者としての声価は低い。さっさとやめていれば『中興の祖』などと崇《あが》められたかもしれない人が、永く居坐ったために社業の衰退を招き、ボロクソに言われている。つまらぬことです。

社長を永くやると、当たり前ですが、まず年をとる。年をとればボケてきます。しかし現代の社長は外国為替、コンピューター、新技術といろいろな分野で高度に専門的な判断を迫られます。知力も気力も充実したテクノクラートでないと務まらないのです。社長業を永い間楽しんでやる人がいるとすれば、それは働いていない証拠です。そんな人の率いる会社が左前になっても不思議ではありません。

このボケの問題にもまして深刻なのは、古い考えの経営者が居坐ると、社員の自由な発想を阻《はば》みがちなことです。特に環境変化に対応して企業が変身を図らねばならないような局面では、それは致命的な問題となりかねません」

藤崎のこの指摘は、むしろ、会長や名誉会長に対して当てはまるものであり、特に結びの懸念は、新日本製鉄や住友金属工業、そして日立造船などで現実のものとなった。

企業が変身を図らなければならないのに、こうした企業では代表取締役名誉会長や相談役がのさばり、企業の革新を遅らせたからである。

鉄鋼や造船の不況には、もちろん、時代の影がさしている。しかし、私はそれにトップの無責任が重なって凋落が早められたと考える。

新日鉄の永野重雄、稲山嘉寛、斎藤英四郎、住金の日向方齊、そして日立造船の永田敬生《たかお》など、彼らは社長、会長、さらに名誉会長と、老醜をいっぱいに権力の座に固執して若い人にバトンタッチをせず、抜本的な企業革新を行わなかった。

彼らは権力を手放さない理由を「後継者が育っていないから」と異口同音に言ってきたが、後継者を育てられなかったということそれ自体が、すでに退陣しなければならない理由なのである。

一九八七（昭和六二）年二月、クーデター的に解任された関西電力代表取締役名誉会長の芦原義重もそうした老害経営者の一人だった。八五歳になっても、毎月一回、副社長以上が出席して開かれる最高経営会議の座長をしていたというのだから沙汰の限りである。

名誉会長や相談役になっても代表権を手放さない芦原のような超ワンマンの下には、必ず、茶坊主《ちゃぼうず》が生まれる。

副社長になってもまだ芦原の秘書をやっていた内藤千百里のように、その茶坊主はワンマンに犬馬の労をとるとともに、それを批判する者に対しては、ゲー・ペー・ウーの如く眼を光らせて抑圧にかかるのである。

とにかく、日本の企業には名誉会長や取締役相談役（略して取相《とりそう》）が多すぎる。

ＴＢＳの「情報デスクＴＯＤＡＹ」キャスター、秋元秀雄と話していて、私が、

「家では粗大ゴミ扱いされる老害経営者も会社ではいばれるので、いつまでもやめないんですね」

と言ったら、秋元は、

「家では粗大ゴミ、会社では生ゴミということだね」

とズバリと断定していた。

こうした〝生ゴミ〟は早くとりのぞかないと、腐敗して会社自体をも腐らせるのである。

かつて、新日鉄で会長の永野重雄と副社長の藤井丙午の間で激しい人事抗争があり、永野名誉会長、稲山会長、平井富三郎社長で藤井は退任という決着がついた時、元通産事務次官の佐橋《さはし》滋《しげる》は、一九七三（昭和四八）年四月二七日付の『日刊工業新聞』のコラムに、こう書いた。

「世間を騒がせた新日鉄人事も一応のけりがついたようである。そこで素浪人の感想を一言述べさせてもらう。

新日鉄に限らずこの種の組織は明かに公器である。株主や従業員に対するばかりでなく、その業務の関連し、影響するところはきわめて大きく、広い。そして組織は人事である。組織の人事について一番大事なことはこの基本認識に基いて私心を去り、我執を持たないことである。釈明することは無用であり、人事権者の心事はおのずから分るものである。

今度のケースのように興味本位のマスコミの取上げ方にも問題はあろうが、種を蒔き乗ぜられた側にも重大な責任がある。

ところで新聞の報ずる取締役名誉会長とは一体何であるか。私は会長制が各社に採用されたのに対しても疑問を持つ。従来社長が最高責任者であったのにその上に会長をおくというのはどういう意味があるのか。

端的に云えば社長を半人前扱いにすることであり、しからずんば職に対する未練以外の何物でもない。後進に道を譲るとは後輩の能力に期待して任せるということである。

みずからが信用されたように人を信用することができないのか。会長、名誉会長が制度の常道にならぬことを願う」

さすがに天下らぬ「異色官僚」として有名になった佐橋らしい提言だが、しかし、事態は佐橋の願いに逆行して、会長、名誉会長が「常道」となり、さらには副会長なるものまで登場して、トップの地位のインフレ化が進んだ。

それはまさに、社長の地位の半人前化、三分の一人前化であり、「墜ちる社長」を生む背景となっている。

一九八〇（昭和五五）年の夏には、全国の証券取引所に上場している会社の副会長は二〇社で二三人だったが、八七年一〇月には、五〇社で五三人にふえた。

新日鉄の三鬼彰のように、有力社長候補がまわされたケースもある。

だから、最も繁雑な組織では、名誉会長―会長―副会長―社長といったことになるわけだが、副会長と社長のどちらが序列が上なのか。

日本郵船社長の宮岡公夫《きみお》は、それについて、

「当社の場合、社内の序列は会長、社長、副会長であり、会議での席次や書類の回し方は以前と変わっていない」（『日経ビジネス』一九八七〈昭和六二〉年一〇月五日号）

と述べている。

しかし、対外的な序列は会長、副会長、社長なのだから、容易に理解できる話ではない。

挙げ句の果てには、いっそ社長を複数にしたらと考えるトップも出てくる。旭化成会長の宮崎輝《かがやき》である。この老害経営者の頭は、ここまで硬化したらしい。自分が早く退けば、そんなおかしなことを考えずにすむのに、すべては自分の留任を最初に前提におくから狂ってくる。

こうした企業を蝕《むしば》む老害について、旧財閥系のあるメーカーで、私は凄《すさ》まじい話を

聞いた。

その会社の元社長で会長となっていた人が亡くなり、盛大な社葬を営むことになったというのである。

しかし、その人はかなりの老害経営者だったので、総務部の若い社員が課長に、

「こんなに盛大にしなくてもいいのでは」

と不満顔に尋ねた。すると、その課長は皮肉な笑いを浮かべながら、

「長生きされて、さらに会社のカネを使われることを考えたら、社葬の費用なんて安いもんだ。本当は赤飯《せきはん》を炊《た》いてお祝いしたいくらいだよ」

と言ったという。

たしかに、相談役などで居坐られれば、部屋はもちろん、秘書、クルマと、かなりの負担になるだろう。プロレス道楽とか政治道楽をされたら、負担はさらに重くなる。

それを苦々しく思う中堅社員が、たとえば社葬についても、こうした感想を抱いていることを、果たして老害経営者は知っているだろうか。

かつて功績のあった経営者でも、退き時を誤ると、その光を自ら消してしまうことになる。

「いかなる実力者、名社長といえども、亡くなった日から逆算して三年間にやったことはすべて失敗である」と言われるが、二頭政治、三頭政治、もしくは四頭政治で企業を混乱させないために、トップは自らの引退のルールを定めなければならない。

「墜ちた社長」や「墜ちる社長」の続出は日本企業にとって、決していい傾向ではないのである。

最後に、住友銀行をダメにしたワンマン、磯田一郎の薫陶を受けたのが、竹中平蔵によって日本郵政の社長に任ぜられた西川善文（住銀元頭取）であることを付記しておこう。

おわりに——財閥は消えるか

財界のウェートが低くなっていくとともに財閥のそれも軽くなっていくのだろう。かつては考えられなかった三井住友銀行も誕生している。三井グループと住友グループが交わってしまったのである。あるいは明治安田生命は三菱グループと芙蓉グループの〝結婚〟によって生まれた生命保険会社だ。

旧財閥を見分ける格好の目印はビールだった。三菱グループならキリン、住友グループならアサヒ、芙蓉グループならサッポロと明確だったのだが、たとえば明治安田生命では接待などでキリンを使っているのか、サッポロを飲んでいるのか？ あるいは交互に使っているのか？

三菱自動車が危機に陥った時、三菱グループではグループ企業の社員に三菱自動車を買うように通達を出して破綻を免れたことがある。バイ・ミツビシ（ミツビシを買おう）というスローガンはスリーダイヤのマークが消えかかれば消えかかるほど高く掲げられるかもしれない。しかし、その足もとの三菱グループ全体が地盤沈下すれば、その声も小さくなることは必然である。

それがここに書いた権力人脈を消失させるのか、新しい権力人脈を誕生させるのかはわからない。しかし、権力が寡占化するよりは平準化する方がいいだろう。政治と経済、政界と財界のからみあった人脈を少しでもわかりやすくと書いたこの本が版を重ね、ここに増補版を出すに至ったことを私は素直に喜びたいと思う。このからみあいは私でなければ書けなかったという、いささかの自負をもって、新版を世に送り出したい。

二〇〇九年一〇月一〇日

佐高　信

本書は、二〇〇九年一一月に七つ森書館より刊行された
『増補版　日本の権力人脈』を文庫化したものです。

佐高 信－1945年、山形県生まれ。慶應義塾大学法学部卒。高校教師、経済誌編集者を経て、評論家に。『週刊金曜日』編集委員。近著に『安倍「日本会議」政権と共犯者たち』（河出書房新社）、『上品の壁』（七つ森書館）など。主な著書に『自民党と創価学会』（集英社）、『偽りの保守・安倍晋三の正体』（岸井成格氏との共著）、『大メディアの報道では絶対にわからない どアホノミクスの正体』『大メディアだけが気付かない どアホノミクスよ、お前はもう死んでいる』（浜矩子氏との共著）、『日本再興のカギを握る「ソニーのDNA」』（辻野晃一郎氏との共著）、『メディアの怪人 徳間康快』（以上、講談社）などがある。

講談社＋α文庫 日本《にほん》の権力人脈《パワー・ライン》

佐高《さたか》 信《まこと》 ©Makoto Sataka 2018

2018年 6月20日第 1 刷発行

発行者――――渡瀬昌彦

発行所――――株式会社 講談社

東京都文京区音羽2-12-21 〒112-8001

電話 編集(03)5395-3522

販売(03)5395-4415

業務(03)5395-3615

デザイン――――鈴木成一デザイン室

カバー印刷――――凸版印刷株式会社

印刷――――豊国印刷株式会社

製本――――株式会社国宝社

本文データ制作――――講談社デジタル製作

落丁本・乱丁本は購入書店名を明記のうえ、小社業務あてにお送りください。
送料は小社負担にてお取り替えします。
なお、この本の内容についてのお問い合わせは
第一事業局企画部「＋α文庫」あてにお願いいたします。
Printed in Japan ISBN978-4-06-511542-8
定価はカバーに表示してあります。

講談社+α文庫 Ⓖビジネス・ノンフィクション

メディアの怪人 徳間康快　佐高 信
ヤクザで儲け、宮崎アニメを生み出した。夢の大プロデューサー、徳間康快の生き様！
720円 G 282-1

日本の権力人脈《パワー・ライン》　佐高 信
財界人はいつから理念を失ったのか。財閥は消えゆくのか。財界のあるべき姿を問う！
900円 G 282-2

靖国と千鳥ケ淵 A級戦犯合祀の黒幕にされた男　伊藤智永
「靖国A級戦犯合祀の黒幕」とマスコミに叩かれた男の知られざる真の姿が明かされる！
1000円 G 283-1

君は山口高志を見たか 伝説の剛速球投手　鎮 勝也
阪急ブレーブスの黄金時代を支えた天才剛速球投手の栄光、悲哀のノンフィクション
780円 G 284-1

*二人のエース 広島カープ弱小時代を支えた男たち　鎮 勝也
「お荷物球団」「弱小暗黒時代」……そんな、カープに一筋の光を与えた二人の投手がいた
660円 G 284-2

ひどい捜査 検察が会社を踏み潰した　石塚健司
なぜ検察は中小企業の7割が粉飾する現実に目を背け、無理な捜査で社長を逮捕したか？
780円 G 285-1

ザ・粉飾 暗闘オリンパス事件　山口義正
調査報道で巨額損失の実態を暴露。ジャーナリズムの真価を示す経済ノンフィクション！
650円 G 286-1

マルクスが日本に生まれていたら　出光佐三
出光とマルクスは同じ地点を目指していた！〝海賊とよばれた男〟が、熱く大いに語る
500円 G 287-1

完全版 猪飼野少年愚連隊 奴らが哭くまえに　黄 民基
真田山事件、明友会事件――昭和三十年代、かれらもいっぱしの少年愚連隊だった！
720円 G 288-1

サ道 心と体が「ととのう」サウナの心得　タナカカツキ
サウナは水風呂だ！ 鬼才マンガ家が実体験から教える、熱と冷水が織りなす恍惚への道
750円 G 289-1

*印は書き下ろし・オリジナル作品

表示価格はすべて本体価格（税別）です。本体価格は変更することがあります